孙佑海 等◎著

司法解释的理论与实践研究

SIFA JIESHI DE LILUN YU SHIJIAN YANJIU

撰稿人：（按姓氏笔画顺序排列，具体分工见后记）

石　磊　孙佑海　李　杰　李　浩　李予霞

吴兆祥　陈龙业　陈学敏　梁凤云　喻海松

中国法制出版社
CHINA LEGAL PUBLISHING HOUSE

前　言

PREFACE

综观世界范围内的成文法国家，司法解释是一种普遍存在的现象，并因各国不同的政治制度、基本国情和独特的法治发展道路而呈现不同的特色。我国的司法解释自产生以来，随着我国法治建设的跌宕起伏，历经初创、削弱、停顿、恢复、发展等阶段，在数量上，由少变多；在内容上，涉及社会的方方面面；在形式上，由政策文件格式向规范的立法形式转变；在发布上，由初期的被动答复转向主动发布；在制定程序上，趋向严密、规范；在语言上，法言法语逐渐取代政治、道德话语；在效力上，实现了从幕后到台前的华丽转身，并一直在明确法律概念和术语、防止自由裁量权的滥用、保证统一正确适用法律、克服法律的局限性、促进立法的发展和完善方面发挥着重要作用。

从目前国内关于司法解释的研究来看，有从具体规定着眼，探讨司法解释合理性问题的；有从英美、大陆两大法系入手，对司法解释进行比较研究的；有比较立法解释、司法解释、行政解释，整体研究我国司法解释体制的；有对司法解释方法的检讨，有对司法解释形式、制定程序等的反思；有对具体司法解释的社会学研究，有对司法解释的历史学研究；有对司法解释功能的评价，有关于司法解释形式的分析。研究成果可谓十分丰富。但将这些方面系统整合起来，集大成者，尚属鲜见，人们仅能见司法解释之鳞爪，而无法得见全貌。而司法解释理论与实践研究，探讨了什么是司法解释，它与立法解释的不同在哪里，应如何界分司法解释权和立法解释权，域外的司法解释有何特色，我国司法解释现状如何，以哪些形式表现出来，存在哪些类司法解释，该怎样看待我国司法解释的法律效力，如何对我国司法解释进行清理与编纂，对这些问题的一一剖析，使我们能在整体全面认识的基础上客观地审视我国司法解释的状况，了解其发展成因，正视其存在的问题，理性省思，科学决策。

新中国成立初期，我国法律严重不足，人民法院审理案件时基本没有可供适用的法律，于是，最高人民法院在党和国家政策指导下，将审判活动以经验总结的形式表现出来，以此对诉讼行为进行规范，填补法律空白，国家法律不足的情况才得以缓解。2010年我国社会主义法律体系形成，无法可依的历史至此结束。但立法中“宜粗不宜细”“宜快不宜慢”等原则，加上我国正处于改革的变动期，各种新情况、新问题层出不穷，这些都为司法解释提供了巨大空间，这一时期出现了大量条文化司法解释。当前，司法解释继续在审判活动中发挥着不可替代的作用，但现实中仍然存在一些问题，如司法解释与立法解释界限模糊，部分司法解释有超出法律文本、僭越立法权之嫌，司法解释的法律地位尚不明确，司法解释的启动和制定程序不够规范，部分司法解释质量不高，等等。“冰冻三尺非一日之寒。”我国在司法解释工作中的种种弊端与缺陷有其久远的历史原因、深刻的体制原因，还有在长期的司法实践中所形成的一些错误思想理念和不良的司法习惯方面的原因。但不可否认，没有司法解释的存在，审判活动中很多案件将会无法可依。司法解释的存在与反复适用，有利于在积累经验的基础上，最终在条件成熟时以立法的形式反映出来，不断完善我国的法律体系，也可以使纸面上的法变成行动中的法，增强法律的鲜活性，最终使法律深入骨髓，成为人们的信仰，而不是教条。

我们必须意识到，立法的模糊、抽象、原则、与实践相脱节等原因造成了司法机关适用法律的困难，久而久之，在立法与司法之间形成了一种张力，最终的结果是司法对立法抵牾，司法解释突破原有法律规则，新的规则就此产生。我们必须明确，尽管出于弥补法律漏洞的目的，但归根结底，司法解释绝不是立法，更不能越俎代庖，“两高”所作的司法解释不能违背宪法和法律的基本精神，只能在适用法律过程中对法条进行修改、补充、完善或说明，创新范围有限，即不能出现行制定法之左右。同时，作为立法者，也要认识到，任何一部法律的制定，不能只注意法的应然状态，在书斋中坐而论道，还需要全面搜集法律实践者的意见，了解某一问题的实然状态，通过实证的观察与分析，找到问题的症结之所在，从而制定出相对具体、可操作性强的法律。我们承认，法律的绝对明确反人类认识能力，属非理性化诉求，一定的模糊色彩是任何世俗制定法的基础色调，但这并不是将法律制定得抽象与原则的正当理由。一方面，立法者应提高自己的立法水平；另一方面，立法者应从我国的国情、社情、民意出发，而对于国外的借鉴应是有限度的借鉴。当然，也不能事无巨细过度地进行司法解释，这反而使法律规范过于僵化，失去弹性空间。司法解释增强了粗线条法律的可把握性和可操作性，在一定程度上解决了法律适用中的困惑，但也很容易产生部门法与部门法之间、国家基本法律与司法解释之间、司法理念和基本原则与法律适用之间的严重对立与冲突。所以，我们还要加强对司法解释工作的监督和制约，对其合法性和有效性进行审查；及时作出清理和编纂，对相互之间或与规定之间冲突的予以调整，对已经失效的予以清除。

作为法律渊源的一种，司法解释也处于一个不断发展变化的过程中，对它的价值认知也会随着社会的进步而发生改变，此过程是一个无限接近理性目标的过程。司法解释将继续存在。历史与现实证明，司法体制与司法制度决定着上诉审和指导性案例制度不会也不可能替代司法解释，且司法解释将随着中国法治建设的发展而不断发展。这是一个展示新中国法治历史的窗口，也记录着人民法院的成长历程。

是主动解释还是被动解释，司法解释在效力上是与被解释的法律等同还是低于被解释的法律，类司法解释有没有法律效力，立法解释与司法解释之间的界限在哪里，这些问题有的虽有答案，但各有论证，难以统一；有的根本没有答案，还处在无尽的“黑洞”中。因此，想毕其功于一“文”，解决司法解释之所有问题，开出一剂济世良药，是一个不切实际的想法，“路漫漫其修远兮，吾将上下而求索”，仅希望本研究能起到抛砖引玉之效，引发燎原之势，从而带来我国司法解释体系的成熟与完善。

最后以 D. Neil Mccormick 和 Robert S. Summers 的一段话作为共勉：“体系意味着一种政治、社会和人类价值协调成一个结构化的整体方案。如果制定法的解释不能与法律的基本价值或人类的基本价值相协调，那么它的合法性和正当性将会被削弱。任何令人满意的解释方法的运用都必须表现出一种对基本价值的反思的平衡。”“解释是一种彻头彻尾的蕴含着考量基本法律价值的事务。它只有通过对所有法律价值的反思和平衡的学习才能完成。”

目 录

CONTENTS

第七章 司法解释的程序

第八章 司法解释的效力

第九章 司法解释性质文件的研究

第一章

司法解释概论

成文法国家中普遍存在司法解释现象，其根本原因在于以抽象法律条文形式表现出来的成文法具有内在的固有局限性，即人们对法律认知的有限性。不同阶层所持的不同立场和观点，以及经济社会快速发展导致的法律滞后性等，都使得司法解释不可或缺。[①] 正如法国著名比较法学家勒内·达维德所指出的，对于成文法国家来说，“法律非经解释不能适用，法律的适用以解释过程为前提”[②]。在当下的中国，司法解释是连接立法与法律适用的重要纽带，是国家法治体系的一个重要环节。司法解释已经成为司法实践中十分重要的法律渊源。

第一节　司法解释的概念

一、关于司法解释的主流观点

司法解释是法律解释体系的重要组成部分。法律解释是对现行法律规范

① 胡伟新等:《中国司法解释制度的发展与完善》，载《法律适用》2014 年第 12 期，第 29 页。

② [法] 勒内·达维德:《当代主要法律体系》，漆竹生译，上海译文出版社 1984 年版，第 109 页。

的含义和内容所作的理解和说明，其目的是准确把握立法原意，保证法律规范的正确施行。从与国家权力的关系来看，中国法律解释可分为两大类：官方解释与民间解释。官方解释亦称正式解释、法定解释、有权解释。它是由国家机关在其职权范围内对法律作出的解释，这种解释具有法律效力。依作出解释的机关不同，官方解释又可分为立法解释、司法解释、行政解释。中国对官方解释一直十分重视。早在1949年9月通过的《中央人民政府组织法》中，就明确规定中央人民政府委员会有权制定并解释国家法律；1954年宪法、1975年宪法、1978年宪法和1982年宪法均就宪法和法律的解释作出了规定。全国人大常委会还分别于1955年和1981年两次就法律解释问题作出专门决议，就法律解释的对象、主体、内容、权限划分、争议解决等方面作出明确规定，确立了中国官方法律解释体制的基本构架。与西方国家普遍认为法律解释主要是指在具体案件的司法裁决过程中如何适用法律的认识不同，中国官方法律解释充分体现出人民代表大会制和民主集中制的政治要求，法律解释以最高权力机关常设机构的立法解释为中心，司法解释和行政解释处于从属地位。在此前提下，注意区分中央和地方，区分立法机关、司法机关和行政机关，司法机关中则又区分审判机关和检察机关，各个国家机关依法行使不同的法律解释权。[①] 由最高审判机关和最高检察机关就有关法律适用问题制定的解释即为司法解释。

司法解释作为我国法律体系和司法的重要内容，一直受到广泛关注。但对何为司法解释，则有不同的认识。有的认为，司法解释是法院和法官对法律条文意思的理解和说明；也有的认为，司法解释是指司法机关在具体适用法律过程中对法律规范的内容和含义所作的解答和说明，或者是对法律规范的定义及所使用的概念、术语、定义的进一步说明；[②] 还有的认为，司法解释

---

① 陈春龙：《中国司法解释的地位与功能》，载《中国法学》2003年第1期，第24页。

② 《中国大百科全书·法学》，中国大百科全书出版社2002年版，第81页。

是立法机关授予最高人民法院和最高人民检察院在审判过程中和检察过程中对适用法律问题所作出的具有法律效力的阐释和说明。[①]

二、对三种观点的评析

上述三种观点，可以代表目前对司法解释概念的三种界定。第一种观点显然是最广义的司法解释。“解释法律是司法的应有之义”，现代西方法学著作所讲的法律解释，除法律有特别规定外，一般都是指法院和法官对法律的解释。[②]这种观点无疑符合各国司法解释之本质和特征，是最具有普适性的定义。法官审理每一件案件，都要对法律作出理解和选择，然后才能够具体适用到个案的裁判中。因此，法官对法律作出解释是作出裁判的前提，这是司法裁判的基本规律。但这种观点只是从实然的角度对司法解释的定义，对于具有独特制度规范的中国司法解释来说，此种定义过于宽泛。

第二种观点流行于1981年《全国人民代表大会常务委员会关于加强法律解释工作的决议》实施之后的20世纪80年代，司法解释作为法律解释中与立法解释并列的具有法律效力的解释，限定为司法机关的解释，而不是法官在个案中适用法律时的理解。这种定义是将司法解释作为一种制度而不是一种单纯的司法权运行的方式对待，符合中国司法解释的情况。但囿于当时司法解释制度不完善，各方面对司法解释权的行使主体认识不同，加之各级司法机关不时有法律适用方面的规范性文件出台，所以对司法解释权行使的主体未作限定，这与我国现行法律规定不相符。

第三种观点最符合我国现行法律的规定。1981年，全国人大常委会制定

① 赵晓敏:《论司法解释》，载 http：//www.law-lib.com/lw/lw_view.asp?no=3336.，最后访问时间：2017年8月6日。

② 沈宗灵:《比较法总论》，北京大学出版社1987年版，第149页。

的《关于加强法律解释工作的决议》第 2 条规定：“凡属于法院审判工作中具体应用法律、法令的问题，由最高人民法院进行解释。凡属于检察院检察工作中具体应用法律、法令的问题，由最高人民检察院进行解释。最高人民法院和最高人民检察院的解释如果有原则性的分歧，报请全国人民代表大会常务委员会解释或决定。”《人民法院组织法》第 18 条第 1 款规定：“最高人民法院可以对属于审判工作中具体应用法律的问题进行解释。”《立法法》第 104 条第 1 款规定：“最高人民法院、最高人民检察院作出的属于审判、检察工作中具体应用法律的解释，应当主要针对具体的法律条文，并符合立法的目的、原则和原意。遇有本法第四十五条第二款规定情况的，应当向全国人民代表大会常务委员会提出法律解释的要求或者提出制定、修改有关法律的议案。”因此，中国的司法解释应当被作为一种法律制度来对待，是我国法律解释中与立法解释并列的正式解释，是最高司法机关对国家成文法律进行的理解和阐释，具有法律效力。从司法解释的性质来看，其具有准立法的地位。①

司法解释之存在，是现代法治国家通有的理念。在我国，既有实然意义上在法律适用中对法律的司法解释，也有法律制度意义上的司法解释。本书所用的司法解释，是指后者。综上，司法解释是法定的正式法律解释，是最高司法机关行使司法权的重要内容，是在司法案件中对如何具体应用法律的问题进行的解释，具有法律效力。②

---

① 梁慧星:《裁判的方法》，法律出版社 2003 年版，第 67 页。

②《最高人民法院关于司法解释工作的规定》第 5 条也宣布：“最高人民法院发布的司法解释，具有法律效力。”其第 27 条规定：“司法解释施行后，人民法院作为裁判依据的，应当在司法文书中援引。人民法院同时引用法律和司法解释作为裁判依据的，应当先援引法律，后援引司法解释。”《最高人民检察院司法解释工作规定》第 5 条明确规定：“最高人民检察院制定并发布的司法解释具有法律效力。人民检察院在起诉书、抗诉书、检察建议书等法律文书中，需要引用法律和司法解释的，应当先援引法律，后援引司法解释。”

第二节 司法解释的特征

一、司法解释的制度化

我国司法解释最为独特的地方，在于其是一种法律解释制度，而不仅是司法中的实际运行方法。这是世界范围内少见的制度。我国法律在最早开始司法解释之际就对此予以明确规定和规范化。司法解释的主体、司法解释的权限、司法解释的对象、司法解释的备案审查等所有这些司法解释的核心制度，都由法律明确规定。司法解释的制定程序、形式、清理、编纂、适用等具体问题，也都由最高司法机关的规范文件明确规定，建立了相对完备的解释规则。

二、司法解释主体的特定性

我国司法解释在权力来源上有宪法关于最高人民法院、最高人民检察院法律地位的规定和国家立法机关的明确法律授权。目前，我国司法解释主体是“一级二元”，即只有最高人民法院[①]和最高人民检察院[②]才依法享有司法解释权。这是法律赋予“两高”的特定职权，其他任何机关、社会团体和个人，包括地方各级法院和检察院都不具有该职权。首先，司法解释的主体只能是最高司法机关，不得是法官或检察官个人。其次，除最高人民法院和最高人民检察院外，其他国家执行机关，如公安部、司法部、安全部都不享有司法解释权。

① 最高人民法院的司法解释权自新中国成立后即产生，并为历次修改的《人民法院组织法》所确定。

② 最高人民检察院的司法解释权最早的立法依据是1981年《全国人大常委会关于法律解释工作的决议》，其组织法至今没有规定。

最后，“两高”的司法解释主体只能是“两高”的最高审判组织——审判委员会和检察委员会，“两高”的其他内部机构和组织，都不是司法解释主体。

三、司法解释的司法性

司法解释作为一种法律解释，区别于其他法律解释的特征是其司法性。立法解释是由立法机关进行的解释，司法解释是由司法机关进行的解释，这是在主体上的区别，也是司法解释司法性的第一特征。司法解释的司法性还体现在司法解释必须是对司法工作中如何具体应用法律进行解释，根植于司法适用法律的内在本质要求，无解释则无司法。司法解释本质上是法律适用活动，是司法权的固有内容和组成部分，自然附属于司法权，具有司法性特征。另外，司法解释的司法性还体现在其作用的领域限于司法案件的办理。与国家立法最大的不同在于，司法解释直接发生效力的对象是司法机关和司法案件，转而约束案件当事人以至潜在的社会大众，而不是直接普遍适用于全社会。司法解释最大的功能在于统一裁判标准，确保法律适用的统一。之所以说司法解释具有普遍法律效力，一方面是因为其对司法活动具有普遍效力；另一方面是因为其依附于被解释的法律而具有普遍效力。立法在于创制，而解释就是解释。

四、司法解释对象的确定性

司法解释是法律解释，是对既有法律的解释，其对象只能是法律。[①] 按照

① 对司法解释的对象，有法律规范说和法律条文说两种观点。笔者认为，司法解释的对象应当从司法解释的目的进行判断。从司法解释的目的来看，其是为了解决司法中具体适用法律的问题，因此解释的对象只能是作为案件裁判依据的法律、法规等规范性文件，如《最高人民法院关于裁判文书引用法律、法规等规范性法律文件的规定》第2条规定，可以引用的规范性文件包括法律及法律解释、行政法规、地方性法规、自治条例或者单行条例、司法解释。除了司法解释本身，其他都应当属于司法解释的对象范畴。当然，具体到刑事、民事和行政不同案件类型，司法解释有明确的范围差异。具体可见上述规定的第3条、第4条、第5条。

《立法法》的规定，司法解释应当主要针对具体的法律条文，并符合立法的目的、原则和原意。当然，司法解释的对象主要是具体的法律条文，但也不限于具体的法律条文。按照《最高人民法院关于司法解释工作的规定》（法发〔2007〕12号），四类司法解释中，批复一般是针对高级人民法院、解放军军事法院就审判工作中具体应用法律问题的请示制定的司法解释；解释通常是针对在审判工作中如何具体应用某一法律或者对某一类案件、某一类问题如何应用法律制定的司法解释；规定通常是因为审判中欠缺直接的法律依据，而根据法律的精神和原则制定的解释，其最具有填补法律漏洞的作用。[①] 但不管是具体法律条文，还是整部法律，又或是法律的某部分，解释的对象都确定为法律以及与法律有同等效力的如国际条约等，一般不包括行政法规和地方性法规，当然也不会包括习惯法，更不能对再下位的行政规章、地方规章进行解释。

五、司法解释的效力性

司法解释是对现行法律的适用所作的有权解释，具有普遍法律效力，当无疑问。尽管对司法解释是否属于立法的范畴，即能否成为法的渊源还有很大争论，但谁也不能否认它在实践中具有“法”的价值。2015年以前，我国《宪法》《立法法》《人民法院组织法》《人民检察院组织法》等法律虽然都没有明确规定最高人民法院、最高人民检察院是立法主体，也没有规定司法解释是法律，但也从来没有否认司法解释可以作为裁判的法律依据。在理论上，无论是准立法说[②]、习惯法说[③]，还是司法法说[④]，都不否认司法解释的法律

① 在十一届三中全会之前，由于法治建设比较薄弱，立法较少，最高人民法院的司法解释通常都没有法律依据，多数是根据政策制定的，具有明显的司法立法色彩。

② 梁慧星：《裁判的方法》，法律出版社2003年版，第67页。

③ 曹士兵：《最高人民法院裁判、司法解释的法律地位》，载《中国法学》2006年第3期，第180页。

④ 陈兴良、周光权：《刑法司法解释的限度——兼论司法法之存在及其合理性》，载《法学》1997年第3期，第30页。

效力。最高人民法院和最高人民检察院制定的司法解释规范文件也明确规定了司法解释的法律效力和作为裁判依据的地位。2015年《立法法》第一次正式对两高的司法解释权作了规定，并明确了司法解释如同地方性法规、行政法规的备案审查制度。地方性法规和行政法规是作为立法的形式为《立法法》所明确规定的，因此，可以判定司法解释也是一种特殊的立法，即具有法律效力，已为立法所确定。从司法解释的效力范围来看，司法解释通过在各自领域适用于与法律同等的适用范围，对我国经济社会生活产生了重要的影响。

第三节　司法解释应当遵循的原则

司法解释作为法律解释的一种重要形式，也属于重要的法律渊源，除了应遵循法律解释的基本原则，如实事求是、以宪法为指导的原则之外，还应当遵循以下四个原则。

一、合法性原则

合法性要求是法治社会的根本要求，司法解释必须忠实于法律原意，符合立法目的，准确把握法律精神，严守法律原则，全面、准确、科学地解释法律，而不能超越法律规定，不能背离立法宗旨和目的，更不能在没有法律规定时创设法律。

二、合理性原则

“法律是理性的体现，法典是书写的理性。”不仅司法解释的程序、方法要合理，司法解释的结果也要符合公平、正义、自由、民主、秩序等基本价值标准，能为公众和职业法律群体所接受。[①]

三、司法指导性原则

司法解释是司法过程中的解释，必须针对司法工作中的具体应用法律问题进行解释，既要遵循司法的判断性、被动性、中立性等司法规律，又要厘清与立法解释的界限，本着对具体法律适用问题进行解释的目的，以有效指导各地司法实际工作为己任。

四、公开性原则

法律是公开的、可预测的行为规范，作为解释法律的司法解释自然应当公开。司法解释的立项、起草、论证、制定要充分听取有关部门、专家学者和社会各界的意见，并及时采取公告形式向社会公布，增强透明度，充分体现司法解释的公开性以及科学化和民主化。[②]

第四节　司法解释的时间效力

法的时间效力是法的适用效力的重要内容，是指法律何时生效、何时终止及法律对其颁布实施前的事件和行为是否具有溯及力。法的溯及力，又称

① 参见陈金钊:《法律解释的哲理》，山东人民出版社 1999 年版，第 152—159 页。

② 胡伟新等:《中国司法解释制度的发展与完善》，载《法律适用》2014 年第 12 期，第 30 页。

法的溯及既往的效力，是指新的法律颁布后，对其生效前的事件和行为是否适用，如果适用，则具有溯及力；如果不适用，则不具有溯及力。一般情况下，我国法律坚持“法律不溯及既往”的原则，但也有例外，特别是在刑法中，目前各国采用的通例是“从旧兼从轻”原则，我国现行刑法也采用“从旧兼从轻”原则。对此，我国《立法法》第93条对于法律不溯及既往的原则作了明确规定：“法律、行政法规、地方性法规、自治条例和单行条例、规章不溯及既往，但为了更好地保护公民、法人和其他组织的权利和利益而作的特别规定除外。”此规定的法理依据在于，法律作为社会的行为规范，通过对违反者的惩戒来促使人们遵守执行，人们之所以对自己的违法行为承担不利后果，接受惩戒，是因为事先已经知道或者应当知道哪些行为是法律允许的，哪些行为是法律不允许的，法律对人们的行为起指导和警示作用。不能要求人们遵守还没有制定出来的法律，法只对其生效后的人们的行为起规范作用。如果允许法具有溯及力，人们就无法知道自己的哪些行为将要受到惩罚，就没有安全感，也没有行为的自由。故各国法律都是以不溯及既往为原则的。

对于司法解释而言，同样存在时间效力问题，包括司法解释何时生效、何时失效以及司法解释对其生效以前的事件和行为有无溯及力的问题。主要包括生效时间和溯及力两个方面。

一、司法解释的生效时间

司法解释的生效时间主要有两种：一是自司法解释公布之日起生效，通常表述为“本解释自公布之日起施行”。这种表述方式多适用于时机比较成熟，急需尽快出台且马上施行的情况，是为了使司法解释尽早发挥其应有作用而采取的做法。二是规定具体的生效时间，通常表述为“本解释自某年某月某日起施行”。这种方式一般预留一段准备期，使得需要适用本解释的有关方面做好必要的准备，以便于司法解释的顺利实施。

二、司法解释的溯及力

司法解释对其生效以前的事件和行为有无溯及力的问题，是一个较为复杂的问题，对此一直存有不同的认识：一种意见认为，司法解释是对现行立法的解释，故应当自公布之日起，对于人民法院尚未审结的一、二审案件均应当适用。这种对司法解释施行前人民法院已经受理、司法解释施行时尚未审结的案件适用司法解释的主张，实际上赋予了司法解释一定的溯及力。另一种意见认为，司法解释虽然理论上是对既有法律的解释，但我国的司法解释在一定程度上起着填补立法空白，甚至创设新规则的作用。按照法律不溯及既往的原则，司法解释只能适用于其公布施行后起诉到人民法院的案件。只要案件的一审程序受理于司法解释生效施行之前的，都不能适用该司法解释。[①] 我们更倾向于第一种观点。对此的考虑是，根据《人民法院组织法》等有关规定，最高人民法院对于在审判过程中如何具体应用法律、法令的问题进行解释。司法解释是对法律的释明，虽在被解释法律实施后制定，仍应被视为被解释法律的一部分，其在生效之日就应适用于审判实践，而且具有溯及力，但其溯及力应受被解释法律的时间效力范围的限制，即如果以制定法为解释对象，该司法解释一般与被解释法律同步发生效力，被解释法律如果能够适用于某一纠纷，该司法解释同样也应适用于该纠纷。关于刑事司法解释的溯及力，《最高人民法院、最高人民检察院关于适用刑事司法解释时间效力问题的规定》第 1 条明确规定："司法解释是最高人民法院对审判工作中具体应用法律问题和最高人民检察院对检察工作中具体应用法律问题所作的

---

① 最高人民法院民事审判第一庭编著：《最高人民法院建设工程施工合同司法解释的理解与适用》，人民法院出版社 2004 年版，第 244 页。

具有法律效力的解释，自发布或者规定之日起施行，效力适用于法律的施行期间。”关于民事司法解释的溯及力，并无类似上述刑事司法解释溯及力的统一规定，相关规定散见于最高人民法院近几年的民事司法解释的具体条文中。例如，《最高人民法院关于确定民事侵权精神损害赔偿责任若干问题的解释》第 12 条规定：“在本解释公布施行之前已经生效施行的司法解释，其内容有与本解释不一致的，以本解释为准。”同时，“新法优于旧法”原则的基本要求是，由同一部门就相同的问题，在不同时期先后作出的规定应该以最新规定为准。[①]一般而言，在后的规范性规定均较在先的规定科学，更有利于保护公民、法人、其他组织的合法权益，因此，新法优于旧法是法的适用的一般原则，司法解释也应遵循该原则。比如，《最高人民法院关于适用〈中华人民共和国民事诉讼法〉的解释》第 552 条也按照这一思路，明确规定了“本解释公布施行后，最高人民法院于 1992 年 7 月 14 日发布的《关于适用〈中华人民共和国民事诉讼法〉若干问题的意见》同时废止；最高人民法院以前发布的司法解释与本解释不一致的，不再适用”。

① 最高人民法院民事审判第一庭编著：《最高人民法院建设工程施工合同司法解释的理解与适用》，人民法院出版社 2004 年版，第 245 页。

第二章

司法解释的现状、成就与问题

司法解释是总结审判经验、诠释法律精神的重要形式，加强和规范司法解释，对于严格司法具有重要保障和推进作用。“它是解决下级法院审判工作中遇到的法律适用问题的有效方法，能有效地维护法律适用的统一，能够有效地维护司法公正。”[①] 司法解释有助于统一裁判标准，规范和限制法官自由裁量权的行使，保证公正司法；有助于把司法权力关进制度的笼子里，推动形成科学的审判权运行机制；有助于消除社会公众对个案裁判的怀疑和误解，增强人民群众对生效裁判的认同感和信任感。由此可见，做好司法解释工作，其重要性不言而喻。本章拟从对司法解释的历史回顾，梳理我国在司法解释工作中取得的成就，对司法解释中存在的问题逐一剖析，并由此提出相应的建议，以更好地做好司法解释工作，确保司法解释质量，发挥司法解释的最大实效。

第一节　我国司法解释的历史沿革

司法解释在我国产生并不断发展壮大至今，有其历史的必然。可以说，

① 吴兆祥：《〈关于司法解释工作的规定〉的理解与适用》，载《人民司法》2007年5月上半月刊，第30页。

最高人民法院的司法解释史，就是一部新中国法治建设奋斗史。最高人民法院的司法解释历史，大致可以分为三个阶段：第一阶段是新中国成立以后至1979年以前，第二阶段是1979年改革开放以后至1997年，第三阶段是1997年以后至今。

一、司法解释的第一阶段：新中国成立以后至1979年以前

在这一阶段，最高人民法院进行司法解释主要是为了完成新生政权之革命任务，多依据政策而不是法律进行解释。新中国成立初期，人民法院审理案件缺少法律规定。最高人民法院根据下级法院请示的审判工作中的法律适用问题和案件，及时作出“批复”“解答”“指示”“复函”等多种形式的解释，在配合土改、镇反等社会改革运动，建立新时期婚姻家庭制度等方面，起到了法律、法令的作用，保障了人民法院审判工作的顺利开展，为巩固新生政权发挥了重要作用。但这一阶段，最高人民法院发布的司法解释总量并不多，据统计只有180多件。同时，这一阶段，司法解释的主体只有最高人民法院，是单一司法解释主体的时期。1955年6月《全国人民代表大会常务委员会关于解释法律问题的决议》第2条规定：“凡关于审判过程中如何具体应用法律、法令的问题，由最高人民法院审判委员会进行解释。”该条并没有规定最高人民检察院的解释权。《人民法院组织法》第18条第1款规定：“最高人民法院可以对属于审判工作中具体应用法律的问题进行解释。”《人民检察院组织法》却一直没有相应规定，直至今天。

二、司法解释的第二阶段：1979年改革开放以后至1997年

这一时期是我国法治建设的快速发展期，也是司法解释大量制定的时期，同时也是形成两元司法解释主体制的时期，其标志性事件是1981年全国人大

常委会制定的《关于加强法律解释工作的决议》。该决议第 2 条规定："凡属于法院审判工作中具体应用法律、法令的问题，由最高人民法院进行解释。凡属于检察院检察工作中具体应用法律、法令的问题，由最高人民检察院进行解释。最高人民法院和最高人民检察院的解释如果有原则性的分歧，报请全国人民代表大会常务委员会解释或决定。"这是司法解释制度的一个里程碑，是司法解释制度走向合法化、正当性的一个非常关键的法律依据（对最高人民检察院来说尤其如此）。这一时期，"两高"出台数以千计的司法解释和司法解释性规范文件，为保障经济社会快速发展和对外开放发挥了重要作用。但这一阶段，也是司法解释工作不够规范的时期。一是解释主体有泛化的趋势。由于各类新型案件大量涌入法院，相应的立法没有及时跟进，最高人民法院的司法解释也具有一定的迟滞性，地方三级法院为解决判案的法律依据问题，统一本地的裁判标准和法律适用的尺度，制定了大量的规范性文件。最高人民法院的司法解释文件，有的以院的名义发布，而更多的是以各部门的名义发布；有的经过审委会审议，有的没有经审委会讨论。二是抽象性司法解释开始大量涌现，如《最高人民法院关于贯彻执行〈中华人民共和国民法通则〉若干问题的意见（试行）》200 条、《最高人民法院关于适用〈中华人民共和国民事诉讼法〉若干问题的意见》300 多条等。三是司法解释的形式没有一定之规，既有批复、答复、函、通知，也有解答、规定、解释，还有复函、意见等。四是解释数量快速增加。从 1981 年到 1997 年，最高人民法院出台的文件达 1500 多件，其中真正属于司法解释和司法解释性文件的有 700 多件，是第一阶段 30 年间的 3 倍多。

三、司法解释的第三阶段：1997 年以后至今

这一阶段也是我国司法解释规范化和法治化的时期。司法解释的快速发展在 20 世纪 90 年代末引起各方面的关注，司法解释不规范的问题成为社会

各界对司法解释批评的重点。“两高”在这一时期非常重视司法解释的规范化建设，努力提高司法解释的科学化和质量水平，取得了很大进展。标志性事件是1997年最高人民法院第一次颁布了专门的司法解释工作的规定，使司法解释进入规范化、程序化、科学化运行的新阶段。2003年，最高人民法院主动要求全国人大对司法解释进行监督，时任院长肖扬同志推动了司法解释在全国人大常委会备案的制度建设。正是最高人民法院的主动司法解释备案行动，倒逼着全国人大常务委员会法制工作委员会（以下简称全国人大法工委）于2005年出台了《司法解释备案审查工作程序》。接着，全国人大通过的《各级人民代表大会常务委员会监督法》第31条正式以立法的形式规定，“两高”制定的司法解释应当自公布之日起30日内报全国人民代表大会常务委员会备案。然后，司法解释规范化再上一个新的台阶。最高人民法院于2007年出台了《最高人民法院关于司法解释工作的规定》，建立了制定司法解释的较为完备的程序规则，对立项、起草、征求意见、审核、审议、修改、发布、备案、清理、编纂等事项都有详细的规定。最高人民检察院也于2006年出台了《最高人民检察院司法解释工作规定》，建立了与最高人民法院相似的解释程序。2013年，“两高”联合发布批复，明确规定地方人民法院和人民检察院不得制定司法解释和司法解释性文件，再次重申了司法解释的主体只能是“两高”。2014年，中共中央十八届四中全会决定要求，“坚持以事实为根据、以法律为准绳，健全事实认定符合客观真相、办案结果符合实体公正、办案过程符合程序公正的法律制度。加强和规范司法解释和案例指导，统一法律适用标准”。2015年，《立法法》修改后于第104条明确规定了“两高”司法解释的地位：“最高人民法院、最高人民检察院作出的属于审判、检察工作中具体应用法律的解释，应当主要针对具体的法律条文，并符合立法的目的、原则和原意。遇有本法第四十五条第二款规定情况的，应当向全国人民代表大会常务委员会提出法律解释的要求或者提出制定、修改有关法律的议案。最高人民法院、最高人民检察院作出的属于审判、检察工作中具体应用法律的解释，应当自公布之日起三十日内报全国人民代表大会常务委员会备案。”至此，司法解释的法律地位更加明确。

第二节　我国司法解释工作取得的成就

一、维护秩序，定分止争

自 1949 年最高人民法院成立以来，回顾人民法院乃至人民司法 60 多年的发展历程，司法解释在我国社会主义法治建设特别是审判工作中发挥了重要作用。新中国成立伊始也是人民法院审理案件“少法可依”的特殊时期。正是最高人民法院的司法解释弥补了立法的不足，解决了各级法院审判工作中的法律适用问题，使人民法院在维护秩序、定分止争、巩固新政权上发挥了积极作用。改革开放以来，社会主义法治事业随着经济发展取得重大进展，《刑法》《刑事诉讼法》《经济合同法》《民事诉讼法》《民法通则》等重要法律先后施行，最高人民法院根据审判工作需要制定了大量的司法解释和司法指导性文件。例如，《关于执行〈中华人民共和国刑事诉讼法〉若干问题的解释》《关于贯彻执行〈经济合同法〉若干问题的意见》《关于贯彻执行〈中华人民共和国民法通则〉若干问题的意见（试行）》《关于适用〈中华人民共和国民事诉讼法〉若干问题的意见》等，这些司法解释在确保法律统一实施、维护国家和社会稳定、保障人民合法权益、推动法治事业发展等方面发挥了重要作用。1997 年以来，特别是入世以来，为解决加入世贸组织以后产生的法律适用问题以及基于经济社会发展的需要，最高人民法院根据法律修改情况，认真研究审判实践中出现的新情况、新问题，制定了一大批司法解释。据统计，1997 年 7 月 1 日至 2013 年年底共出台司法解释405件。其中有关合同法、公司法、知识产权法、刑法、劳动法等方面法律的司法解释，指导人民法院正确地适用法律，审理和执行了大量案件，妥善化解了大量社会矛盾，保护了人民群众的合法利益，维护了社会的和谐稳定，保障了国家的长治久安，促进了经济社会的健康发展。60多年的司法解释实践充分证明，司法解释不仅是贯彻执行法律的基本保障，也在填补和完善中国特色社会主义法律体系方面发挥了重大作用，为国家立法提供了必要的先行验证和实践支撑。近十几年来，我国在重要法律的制定过程中，大量借鉴和吸收了司法解释的成果，大批司法解释条文上升为国家的法律。可以说，最高人民法院的司法解释为我国法律体系的建立和完善作出了突出的贡献。

二、推进工作的制度化

最高人民法院一贯坚持依法审慎地进行司法解释，并不断加强司法解释的规范化、制度化建设，努力提升司法解释的科学化水平。最高人民法院于1997年发布了《最高人民法院关于司法解释工作的若干规定》，开启了司法解释制度的建设之路，司法解释制定程序初步形成。2005年12月，十届全国人大常委会委员长会议通过了《司法解释备案审查工作程序》，并正式发布。《司法解释备案审查工作程序》规定了司法解释备案和审查的具体要求和程序。2005年，最高人民法院也正式发布《人民法院第二个五年改革纲要（2004—2008）》，其第14条对司法解释工作提出进一步要求："改革和完善最高人民法院制定司法解释的程序，进一步提高司法解释的质量。最高人民法院对司法解释的立项、起草、审查、协调、公布、备案等事项实行统一组织、统一协调，并定期对司法解释进行清理、修改、废止和编纂。规范最高人民法院将司法解释报送全国人民代表大会常务委员会备案的制度。"

2007年，最高人民法院制定《关于司法解释工作的规定》，最高人民法院司法解释实现了四个统一：一是司法解释统一立项。2007年开始，最高人民法院每年都会公布年度司法解释立项计划。二是司法解释统一管理。最高人民法院明确研究室作为司法解释的日常管理部门，统一负责立项、审核、清理和编纂工作。三是司法解释形式统一。自1997年开始，司法解释有了独特的标志："法释"字号。最高人民法院的司法解释在形式上正式确定为"批复""解释""规定""决定"四种，[①] 再加上区域司法协助的"安排"，一共五类，并统一用法释字代表。四是司法解释统一发布和备案。最高人民法院明确要求司法解释必须统一由审判委员会审议通过，各庭、局、室、办不得再自行制定解释。司法解释的发布样式，包括公告样式也完全统一。司法解释发布统一由办公厅发布，并在人民法院报和最高人民法院公报全文刊登，公告后予以实施。建立健全了司法解释制定和备案程序。凡是司法解释，必须经最高人民法院审判委员会讨论通过，事先要征求全国法院和各有关部门的意见，并把征得全国人大及其常委会有关部门的同意作为必经程序，确保司法解释的合法性、针对性和可行性。2012年1月18日，最高人民法院与最高人民检察院联合发布《关于地方人民法院、人民检察院不得制定司法解释性质文件的通知》，重申地方人民法院、人民检察院一律不得制定在本辖区普遍适用的司法解释性质文件，制定的其他规范性文件不得在法律文书中援引，并对地方人民法院、人民检察院自行清理工作以及需要提请"两高"制定司法解释等问题提出明确要求。2015年，《立法法》修改，正式规定了"两高"的司法解释权，司法解释的合法地位得以确立。

---

① 对在审判工作中如何具体应用某一法律或者对某一类案件、某一类问题如何应用法律制定的司法解释，采用"解释"的形式；根据立法精神对审判工作中需要制定的规范、意见等司法解释，采用"规定"的形式；对高级人民法院、解放军军事法院就审判工作中具体应用法律问题的请示制定的司法解释，采用"批复"的形式；修改或者废止司法解释，采用"决定"的形式。

三、确保法律的稳定，促进法律的完善

（一）维护法律的权威性和稳定性

当前，我国社会正处于转型期，社会经济发展迅速，新事物层出不穷，新问题不断涌现。由于立法需要稳定，程序相对复杂，有的还带有滞后性，难以迅速作出应对，如果对具体条文没有规定的内容都提请立法机关作出立法解释或修改法律，不仅立法机关不堪重负，而且将使很多司法实践难题无法及时有效解决，还会造成法律频频修改，不利于法律的权威性和稳定性。

（二）为立法完善提供参考和素材

司法解释对于法律实施中出现的新情况、新问题所作的建设性解释，能够为立法提供有益参考和必要素材。改革开放以来，我国的立法发展基本采取司法解释先行先试，待实践成熟时上升为立法的路径。很多立法条文都直接来自司法解释中的条款。比如，《侵权责任法》出台之前，我国现行法律没有规定精神损害赔偿，但审判实践中已有不少精神损害赔偿的案例。为了统一裁判尺度，2001 年《最高人民法院关于确定民事侵权精神损害赔偿责任若干问题的解释》和 2003 年《最高人民法院关于审理人身损害赔偿案件适用法律若干问题的解释》均规定了精神损害赔偿，并被 2010 年出台的《侵权责任法》第 22 条吸收。《侵权责任法》还借鉴吸收了其他民商事司法解释的规定。全国人民代表大会法律委员会在 2008 年 12 月 22 日十一届全国人大常委会第六次会议上“关于《中华人民共和国侵权责任法（草案）》主要问题的汇报”中指出：“制定侵权责任法要借鉴国外的有益经验，但不照抄照搬，必须从我国的实际出发，总结实际经验，把多年来行之有效的行政法规和司法解释的规定吸收到草案中，进一步完善我国的侵权责任法律制度。”2012 年《民

事诉讼法》《刑事诉讼法》的修改，都借鉴吸收了大量司法解释的条文，如民事诉讼的举证时限制度、先行调解、公司诉讼专属管辖的规定等；刑事诉讼证据制度的完善，如对证据种类的调整、非法证据排除制度的设立、证人出庭制度、扩大简易程序适用范围、二审开庭范围、中止审理、未成年人刑事案件诉讼程序等。

（三）弥补现有立法可能存在的不足

司法解释问题普遍存在于各成文法国家中，根本原因在于以抽象法律条文形式表现的成文法所具有的内在局限性，以及成文法所固有的不合目的性、不周延性、模糊性、滞后性等局限性，决定了相对稳定的法律在面对千变万化的社会时常显得捉襟见肘。法律不完备的事实和法官不得拒绝审判案件的职责使司法解释成为必然。此时，司法解释如果仅限于对具体条文的解释，就难以找到具体的法律条文予以适用了。

第三节 我国司法解释工作中存在的主要问题及成因

经过60多年的发展，我国司法解释制度已经趋于成熟，在法治建设中发挥着重要作用。随着法律体系的形成和依法治国的全面推进，我国的司法解释制度也面临着新情况、新问题，有的问题还受到法学界一些学者和社会有关主体的质疑。具体而言，主要有以下几点。

一、司法解释与立法解释的界限模糊

全国人大常委会的有关决议和《人民法院组织法》确立了立法解释与司

法解释并存的法律解释体制以及“二元一级”的司法解释格局。2000年施行的《立法法》第45条规定，法律解释权属于全国人大常委会，法律规定需要进一步明确具体含义的由其解释。然而，在实践中，所有的法律都由全国人大常委会作出立法解释显然不现实，由此形成立法解释与司法解释界限划分模糊，解释方式雷同的局面。尽管法律上已经规定了两者的界限，但是法律所表述的“进一步明确界限”与“具体应用”在实践中难以把握。2015年《立法法》修改，对司法解释问题第一次作了规定，虽然在一定意义上对司法解释的对象提出了限制性的规定，即主要针对具体法律条文的适用问题进行解释，但并没有解决立法解释和司法解释的范围与界限问题。几十年来，司法解释不仅在数量上远远多于立法解释，而且有立法化倾向，尤其是司法解释中的“解释”“规定”这两种形式具有明显的一般性、抽象性和立法化特征。有的司法解释已超出法律本义，有僭越立法权之嫌。例如，《最高人民法院关于审理黑社会性质组织犯罪的案件具体应用法律若干问题的解释》，其内容就不是针对《刑法》第294条界定黑社会性质组织的刑法规定用语的解释，而是加入“保护伞”等刑法条文中没有规定的内容。司法解释立法化的原因之一是立法解释机关没有充分行使立法解释职权；另一个重要原因则是对立法解释与司法解释的划分界限模糊不清。尽管已经规定了两者的界限，但是正如一些学者指出的，“进一步明确界限”与“具体应用”两者实质上很难作明确的区分。[①]

二、司法解释的法律地位不明确

司法解释制度作为一项具有中国特色的重要司法制度，其规定散见于前

① 胡伟新等:《中国司法解释制度的发展与完善》，载《法律适用》2014年第12期，第32页。

述决议、法院组织法、监督法等法律中，缺乏专门而系统的法律规定。尽管“两高”制定了对司法解释予以详细规定的规范性文件，但由于法律效力层级不高，以致产生了在司法工作中普遍有效还是在本系统内部有效的争议。《最高人民检察院司法解释工作规定》第 5 条明确规定：“最高人民检察院制定并发布的司法解释具有法律效力。人民检察院在起诉书、抗诉书、检察建议书等法律文书中，需要引用法律和司法解释的，应当先援引法律，后援引司法解释。”《最高人民法院关于司法解释工作的规定》第 5 条也宣布：“最高人民法院发布的司法解释，具有法律效力。”其第 27 条规定：“司法解释施行后，人民法院作为裁判依据的，应当在司法文书中援引。人民法院同时引用法律和司法解释作为裁判依据的，应当先援引法律，后援引司法解释。”实践中也存在对高级人民法院、军事法院关于某个具体应用法律问题的答复、批复、函等对某一具体的个案具有法律效力的情形，而实际上，它对同类案件同样的法律问题具有普遍的适用力与约束力。这些似乎都表明司法解释具有普遍效力。但从法律上来看，2015 年《立法法》对“两高”的司法解释权及其行使的界限和备案审查制度作出了规定，确立了司法解释在《立法法》上的地位，但对于司法解释的效力问题仍未作出明确规定，在这种情况下，各种争论只能继续下去。

三、司法解释的启动机制和程序有待完善

司法解释的启动存在一定的随意性，不少是为应急而临时启动的，缺乏或没有执行立项、论证、审核、备案等程序，尤其在配合各类专项整顿和治理活动中更为明显，影响了司法解释的质量，损害了法律的稳定性和法治的权威性。突然的临时立项每年都较为普遍地存在着，导致本应更为常态化的年度立项工作程序的价值大打折扣。因为年度立项工作要经过法院审判委员会讨论，且是对整个年度的司法解释工作进行系统化的平衡安排，临

时立项过多，势必会破坏司法解释工作的整体计划，往往也会缺乏与其他部门的沟通协调，甚至出现司法解释打架，影响法律统一适用的问题。同时，在司法解释起草过程中存在各部门之间竞相起草或者相互推诿、沟通不畅的问题。特别是对于竞相起草的问题，有的部门甚至在没有调研论证的基础上抢先立项，导致司法解释无法按照立项计划完成，甚至推迟几年也无法完成。目前较为普遍存在的部门负责、个人承办的做法，也在一定程度上影响了司法解释的质量。

四、个别司法解释的质量有待提高

实践中，有的司法解释的内容过于抽象，缺乏具体解释对象；有的司法解释过于追求系统化、条文化；有的司法解释条文甚至存在对法律条文简单重复的问题。社会主义法律体系形成后，这种过分追求全面性、系统化的司法解释就显得有些不合时宜了。不少司法解释起草的问题导向不突出，导致司法解释条文针对性不强，对下指导作用大打折扣。绝大多数司法解释都是基于现实的迫切需要，在深入调研论证和充分征求意见的基础上制定的，质量和效果都比较好。但是，个别司法解释确实存在一些质量问题。例如，个别司法解释对同一问题有不同解释，互不协调，甚至冲突；司法解释条文不够明确具体，缺乏可操作性，甚至自身还需要进一步被解释的现象在不同程度上依然存在。

五、司法解释主体“一级二元”体制需进一步探索改良

最高人民法院的司法解释权在1954年通过的《人民法院组织法》和后续的有关法律解释的立法中都有明确规定，且在1981年之前，最高人民法院独自行使司法解释权，对此各方并没有异议，也符合我国法律实践，符合司法的

基本规律。随着经济体制改革的全面推进，对外开放进一步扩大，经济关系频繁变动、错综复杂，法律缺失和滞后问题日益突出。1981年颁布的《全国人民代表大会常务委员会关于加强法律解释工作的决议》明确规定："凡属于法院审判过程中具体应用法律、法令的问题，由最高人民法院进行解释。凡属于检察院检察工作中具体应用法律、法令的问题，由最高人民检察院进行解释……"这就打破了我国原有的"一元一级"司法解释格局，形成了由最高人民法院和最高人民检察院两个机关分别进行司法解释的局面。① 从司法解释的效力上来看，其具有法律效力，即使处于法律之次要地位，仍具有在案件裁判上的依据效力。但最高人民检察院只是公诉机关，而不是裁判机关，其制定的司法解释显然并不具有对法院裁判的法律效力，因而其司法解释只能是伪解释，或者是不完全解释。另外，近四十年来，由于"两高"对司法解释的认识不一致，导致司法解释相互冲突，难以达成共识，解释无法及时出台等问题越发突出。检察院作为法律监督机关，自身又有权制定具有法律效力的司法解释，显然会出现自己监督自己的局面。

第四节　完善我国司法解释工作的对策

针对司法解释工作中存在的上述问题，提出以下几点对策建议。

一、在立法层面明确司法解释与立法解释的界限

具体而言，一方面，要明确划分立法解释与司法解释的界限，这一问题

① 张志铭:《关于中国法律解释体制的思考》，载《中国社会科学》1997年第2期，第101页。

还需要作进一步研究。我们认为，立法解释的“明确界限”是明确权利义务的原则界限，对法律基本的、原则性条文，或者法律制定后出现新情况需要明确适用法律依据的，或者对同一问题的解释有重大分歧的，应当通过立法解释来解决。司法解释则应当严格依法，在法律规定框架内进行解释，以法律的具体适用问题为解释的前提，且通常以具体适用于某一类案件或者诉讼程序作为载体，坚决不能改变法律的规定或与法律规定相冲突，不作越权解释。另一方面，在厘清司法解释与立法解释界限的前提下，对于两者的边缘模糊问题，司法解释应当遵循谦抑性原则，尽可能通过立法解释来解决。对于司法解释的范围和权限问题，备案审查制度具有一定的积极作用。但从解决问题的角度来看，仅靠审查监督司法解释不要越权可能并不能取得解决问题的实效，对此，确实需要立法机关在立法解释问题上进一步加强主动性，同时探索总结进行立法解释的经验，在立法层面对立法解释的权限、职责、范围、启动、工作程序等作出系统全面的规定，保证立法解释的及时进行。

二、以立法的形式明确司法解释的法律地位和解释权限

对于现行的司法解释起草机制问题进行分析。由于立法机关任务繁忙，事实上不可能就刑事诉讼过程中经常发生的许多具体分歧及时作出统一的立法解释，造成中国司法实践中审判机关与检察机关所作的司法解释不协调的尴尬局面。关于检察机关能否作为司法解释的主体，中国法学界不少专家、学者提出了不同看法：从性质上来看，不能认为行使公诉权和侦查权的检察机关是一个司法机关；从职能上来看，在审判活动中充当公诉人角色的检察机关同时拥有对整个审判活动是否合法的监督权，角色定位混淆；从法理上来看，作为刑事诉讼一方参与审判活动的检察机关同时有权对审判规则作出司法解释，既当运动员又当裁判员，于法理不合；从实践上来看，司法解释的二元主体常使两个机关互相扯皮，影响工作效率，妨害法制统一，有损司

法权威。尽管法律规定最高审判机关和最高检察机关均有权发布司法解释，但事实上，每个机关的司法解释只在本系统内具有拘束力，若要取得统一的拘束力，往往采用最高人民法院和最高人民检察院联合发布司法解释的办法。但有时两个机关对同一法律问题并不能达成共识，便会出现各行其是的情况。对于最高人民检察院单独发布的司法解释，人民法院或者置之不理，或者仅作参考。[①] 有学者建议，这种情况必须尽快结束。中国司法解释的主体，应尽快从二元向一元转变。[②] 在立法论上，最高人民法院制定司法解释的权力及所受限制，尤其是司法解释的效力应当由立法机关以立法形式加以明确。在解释论上，最高人民法院应当自我约束司法解释的权力。最高人民法院只能够就“法院在审判工作中具体应用法律的问题”进行解释，只能够就具体的法律条文进行解释，并须符合立法的目的、原则和原意。[③] 我们认为，为进一步加强和规范司法解释，确实需要在《立法法》这一层面明确规定司法解释的地位和司法机关的解释权限，或者以单独制定相应法律的形式，对法律解释的体系、程序和解释主体及其权限等作出全面规定，明确司法解释的法律渊源和地位。即使按照现行司法解释的起草体制机制，也应当明确司法解释“一级二元”主体，以及司法解释的对象、范围、原则、程序、效力、备案、清理、编纂等事项，真正使司法解释有法可依，维护法制的统一和权威。

三、强化司法解释的实效性和针对性

司法解释越具体、越具有针对性，就越有利于统一裁判标准和指导审判。首先，坚持司法解释具体化原则，必须针对个案中的法律适用问题去解释，

① 董皞：《司法解释论》，中国政法大学出版社 1999 年版，第 198—199 页及附注。

② 陈春龙：《中国司法解释的地位与功能》，载《中国法学》2003 年第 1 期，第 32 页。

③ 王成：《最高法院司法解释效力研究》，载《中外法学》2016 年第 1 期，第 275 页。

不能完全脱离具体案件；必须针对某一类法律适用问题及法律规定的具体条款去解释，不能完全脱离法律条款而过分追求体系的完整。坚决防止司法解释条文仅对立法内容进行简单重复，浪费司法资源的现象出现。其次，要发挥案例解释的功能，使指导性案例成为司法解释的一种重要形式。随着世界法治文明的发展，大陆法系与英美法系在法律渊源上呈现相互融合、相互补充的趋势。大陆法系国家尽管没有明确采纳遵循先例的判例法原则，但判例在解释和补充法律规定以及指导法官办案方面发挥着越来越重要的作用。例如，1990 年至 1995 年，德国联邦法院的判决被引用的比例为 97.02%。2010 年我国最高人民法院出台了《关于案例指导工作的规定》，标志着案例指导制度正式确立。随着越来越多指导性案例的发布，指导性案例对审判同类案件将起到越来越大的指导作用。把指导性案例作为司法解释的创新形式，能够强化司法解释指导审判的功能，保证司法解释的针对性、合理性和可行性。①

四、完善司法解释的启动机制

首先，进一步将司法解释立项工作落到实处，做到只有审判工作中遇到的具体适用法律问题才能被列入司法解释规划，真正实现年度立项的常态化，发挥临时立项的补充性作用，切实减少临时立项的数量。同时，在立项时要对该司法解释起草的必要性作深入论证。

其次，严格控制抽象性司法解释的立项来源。在立项来源上，最高司法机关应主要以司法工作中遇到的具体应用法律问题以及社会各界提出的具体司法问题为立项来源，逐步取消没有明确立项来源以及对整部法律进行系统解释的做法。

最后，对法律没有涉及的问题，根据“先有法律，再有司法解释”的要求，

① 胡伟新等:《中国司法解释制度的发展与完善》，载《法律适用》2014 年第 12 期，第 33 页。

不得进行司法解释，[1] 厘清立法解释与司法解释之间的界限，避免司法解释越权解释之嫌。

五、提高司法解释质量

司法解释的起草具有准立法性质，是一项十分严肃和神圣的事业。进一步提升司法解释质量，应从司法解释的调研、论证、起草、征求意见、修改、讨论决定等环节做起，做到严格控制数量，切实提高质量。具体来说，一是对于司法解释承办起草规则进行探索改革，对于具体承办人资质要有相应要求，原则上应当具有一定年限的案件审判或者司法调研工作经验，对于相关业务较为熟悉等。同时，有必要探索由资深法官团队组成的司法解释起草专项小组，来专门进行某一司法解释的起草工作。这一团队可以打破庭室的条块结构，必要时可以吸收其他法律专家等参与起草工作，从而在“人”这一起草主体上做足功课。二是加强司法解释的调研论证工作，对重大的或意见分歧较大的司法解释，应当通过座谈会、公开向社会征求意见等形式，广泛听取各方面意见，以增强司法解释起草的公开性和科学性。三是对于外单位及各高院回复意见，适当拓宽回复意见期限，有必要要求各高院必须向本辖区法院征集对条文的意见以及其他问题或建议，明确回复意见不限于条文文本内容，探索有关回复意见的绩效考评机制，以增强其回复意见的实效性。四是要高度重视司法解释编纂和清理工作，形成司法解释编纂和清理工作的长效机制。在深入调研、探索借鉴的基础上，制定具体的司法解释编纂和司法解释清理的规则制度，对司法解释编纂和清理的具体职责权限程序规则作出明确规定，确保司法解释编纂和清理工作有章可循。

---

① 胡伟新等:《中国司法解释制度的发展与完善》，载《法律适用》2014 年第 12 期，第 33 页。

第三章

司法解释的理论基础

近年来，学术界和实务界对司法解释的批评越来越多，无论是从根本上否定这项制度还是建议对这一制度进行适当改造，大多反映了一种“不安”情绪，即一个司法机关，尽管是最高司法机关，通过司法解释“干了立法机关才能干的活”，这太不“司法”了。而实际上，固化的“立法—司法”分工是不存在的。在中国，司法解释从产生到发展，直至当下越来越受到立法机关的约束和限制，正是这种“立法—司法”关系变迁的结果。同样，从“立法—司法”关系的实际运作来看，司法解释即使在替代立法方面不再发挥主要作用，也仍是统一法律适用不可替代的制度工具。从这个意义上来讲，司法解释制度是中国特色社会主义司法制度的重要组成部分。基于此，本章从法官解释与司法解释的关联出发，提出法律统一适用的需求；然后从历史与现实、司法体制与司法制度两个角度分析为何是司法解释而不是其他制度，如上诉审制度；同时指出，至少目前，案例指导制度还无法作为一种制度取代司法解释制度。

第一节 从法律解释、法官解释到司法解释

从目前关于司法解释的研究来看，学者们往往在“法官解释—司法解释”的框架内研究司法解释的问题。但从法律渊源的角度来看，司法解释可以法

律渊源的身份作为一种裁判依据而被引用，法官解释则不可以。相关研究甚至在论证最高人民法院司法解释合理性的时候，也没有完全离开法官解释的语境，这些研究往往强调的是，“法官—司法机关”不能超出法律规定的范围进行解释，或者只能在法律适用层面解释法律，否则就是一种越权。[①]在本质上，法官和司法机关对于法律的解释与本书探讨的司法解释是不同的。

一般认为，法律解释是“有关主体根据立法原意、法律意识和有关需要对法律的内容和含义及有关术语所作的说明、解答或阐述”[②]。按照解释的效力划分，法律解释分为法定解释和非法定解释。法定解释是指“国家机关和人员根据宪法和法律所赋予的职权，对法所作的具有法律效力的说明、解答或阐述”。非法定解释是指“不享有法定解释权，所作的解释不具有法律效力的解释”[③]。在这种理论划分下，无论是法官还是人民法院，在适用法律过程中，都有权对所适用的法律进行解释，从而把一个个抽象的规则应用到具体事实中，完成一个逻辑涵摄的过程，并作出具有法律效力的裁判，此时解释权力是司法权力的重要组成部分。但是，肯定法官或者人民法院有权作出具有法律效力的解释，并不意味着司法机关可以制定和发布抽象的司法解释规则，哪怕这种规则仅仅是对具体应用法律的解释，哪怕这种解释权力仅仅由最高司法机关行使。

按照对法律解释的一般理解，法律解释有广义和狭义之分。狭义的法律解释仅仅是对法律条文自身的解释，广义的法律解释还包括在法律存在空白时所进行的漏洞填补[④]。而对法律漏洞的填补往往有在“空白地带立法”之嫌，因此在学理和实务中引起的争议较大。即使在英美法系国家，在判

---

① 一个例外，参见金振豹：《论最高人民法院的抽象司法解释权》，载《比较法研究》2010年第2期，第55页。

② 周旺生：《立法学教程》，北京大学出版社2006年版，第386页。

③ 周旺生：《立法学教程》，北京大学出版社2006年版，第387页。

④ 有关分类，参见杨仁寿：《法学方法论》，中国政法大学出版社1999年版。

例有法律效力的情况下，法官是否或能否超越制定法造法依然是个问题。[①]但如果我们抛开概念的析微察异，对司法解释进行广义和狭义区分的实际意义并不大。因为在一个具体情境中，有时很难判断，法官的所谓解释究竟是一种对条文的“扩张性”或者“限缩性”解释，还是一种法律漏洞填补意义上的“目的性扩张”或者“目的性限缩”解释[②]。无论是广义解释还是狭义解释，都存在脱离条文字面意义形成某种新规则的可能性。由于法律解释方法只能提供一套思考的指南，不能提供一个得到唯一答案的路径，这就意味着，一方面这种脱离法律条文或者不脱离法律条文的规则必定蕴含了一种个人化的判断；而另一方面，与一些学者主张的不同，对法律的解释并不一定需要具体的案件事实，在抽象意义上的个人化的不同理解，也会发生[③]。

当然，如果仅仅是在学理意义上，这种个人化的判断产生的解释，无论差异多大，都不是问题，因为学术言论市场的竞争会淘汰一部分解释，从而形成几种甚至是唯一的解释，这寥寥几种甚或唯一的解释就是所谓的“通说”。但个人化判断所形成的不同解释不仅会发生在学理层面，也会发生在司法实践中。不同法官的个人化判断所形成的解释适用到具体案件中，就有可能形成所谓“同案不同判”的问题。诚然，通过司法观点竞争形成通说也同样有可能，但成本高昂。且我国虽并非判例法国家，但典型案例对司法实务的影响不容小觑。[④]特别是在大数据时代，一个法官在面对待解释的法律规则时，了解同行观点更加便利，类似于学术市场中的淘汰效应也愈益明显。

---

① 相关文献是大量的，如［美］理查德·波斯纳:《法官如何思考》，苏力译，北京大学出版社2009年版。

② 关于法律解释方法和法律漏洞填补的基本理论，参见梁慧星:《民法解释学》，中国政法大学出版社2002年版；杨仁寿:《法学方法论》，中国政法大学出版社1999年版；等等。

③ 参见贺日开:《司法解释权能的复位与宪法的实施》，载《中国法学》2004年第3期，第7页。

④ 早在20世纪，最高人民法院就编辑出版了《人民法院案例选》等案例书籍，《最高人民法院公报》刊发了很多具有参考价值的案例。

但与学术市场不同的是，即使经过层层淘汰，仅仅剩下若干种解释，“同案不同判”的问题依然会存在，这一问题将影响裁决在当事人心目中的效力，进而怀疑法院的不公，司法公信力将因此受损。

在这种情况下，解决“同案不同判”的进路自然是确定一种解释作为“唯一”的解释，或者至少是允许在审判中适用的“唯一”解释。一种思路是通过法律解释方法来确定“唯一”解释。这种思路认为，在对法律条文的种种解释中，总有一个是最正确的。但令人质疑的是，“正确”二字究竟指的是什么？显然，在需要离开字面意义解释的场合，条文本身无法提供衡量“正确”的标准；“立法者本意”或许是一条标准，但“立法者本意”同样难以琢磨。立法者是谁？是立法机关作为一个整体，还是参与立法的个人？是立法机关的人民代表还是起草立法的专家？实践中就发生过，对于同样一个法条，参与过立法的人作出了不同的解释的现象。何况，即使可以确定“立法者本意”，我们能否将我们今天需要解决的问题交给过去的立法者？仍然值得讨论，毕竟当时的立法者可能根本无法预料今天的新情况，所以才会产生解释的需求。由此可见，法律解释方法自身并不能决定不同的解释如何取舍，甚至为何需要离开字面解释，也不是由法律解释方法决定的，更多时候源于法官的价值判断，或者直觉。[①] 即使存在一种“正确”的解释，这种解释也是实用主义意义上的，而非本质主义意义上的，[②] 是在对不同解释适用后的效果进行比较和考量的基础上形成的。而这种比较和考量即使建立在科学的基础上，也不可能精确和唯一。这也就意味着，基于个人判断的解释差异在一定限度内是合理的，在认识论上的统一是徒劳的。解决的办法只能是制度性的，即将哪一种解释胜出的决定权交给某一个主体，由他做最终的判断。

---

① 参见［美］本杰明·卡多佐:《司法过程的性质》，苏力译，商务印书馆2009年版，第32页。

② 关于法律中实用主义和本质主义的探讨，参见波斯纳一系列著作，如《法理学问题》《超越法律》《法律、实用主义与民主》等。

综上所述，法官面对司法实践需要对法律条文进行解释，甚至在一些场合需要离开条文的字面意思进行解释，或者对法律漏洞进行填补，这些活动本身是与一国的法律解释体系和司法权力边界无关的。无论法官被严格限定在只能做法律的机械适用者，还是可以在“法律空白地带立法”，这种解释都不可避免。只是为了解决不同法官对于同一法律条文解释的差异化问题，避免同案不同判，才需要某种制度设计，来确定哪一种解释应当被遵守。也正是在这个问题上，不同国家，在不同宪政体制下，基于不同立法机关与司法机关的关系，才有不同的制度安排。① 而我国由最高人民法院作出司法解释，就是这样的一种制度安排。

当然，司法解释出现之初，并不是针对“同案不同判”的问题，因为“同案不同判”的前提是存在有差异的法官解释，而法官解释的前提是存在待解释和待适用的法律，在新中国成立的很长一段时间里都满足不了这一条件。当时，司法解释的主要功能就是替代性立法或者补充立法，这种功能或许与最高司法机关的职能和权限不符，但在当时确实必要，否则审判活动将无法正常开展。随着立法进程加快，经过 30 多年的发展，当前中国特色社会主义法律体系已经建立，司法解释的主要功能已经渐渐回归为回应实践中对一些法律的解释和法律适用中产生的争议，减少对同一条文做不同理解进而出现不同裁判的可能性。

另外，解决“同案不同判”问题，司法解释也未必是唯一的、最好的制度安排。从理论上来看，解决这一问题最适合的机关似乎并不是司法机关，而是立法机关。因为法律是由立法机关制定的，如果法律条文有歧义、有空白，与其探究当时立法者本意，不如直接交付当下的立法者，由其根据民主代议程序重新对法律规则进行界定。但事实上，很少有国家完全依赖立法机

① 一个比较研究，参见金振豹:《论最高人民法院的抽象司法解释权》，载《比较法研究》2010 年第 2 期，第 55 页。

关，“在一般国家，法律解释权无论在法律上还是在实践上，都由司法机关行使或主要由司法机关行使”[①]。不过，即使交由司法机关，更多依靠的也是上诉审制度，由最高司法机关制定并颁布抽象的解释是极为罕见的。因此，我们审视和考察最高人民法院司法解释存在的合理性，就必须将其放在立法制度、司法制度的框架内，结合中国社会的历史与现实进行考量，而不能仅仅从法律解释体系中进行审视。

第二节　立法—司法分工变迁中的司法解释

目前，理论界对最高人民法院司法解释的主要批评之一就是其超越了解释权限。他们认为，最高人民法院能作出的且仅能作出的司法解释所针对的对象应是“具体应用法律中的问题”。从目前的一些司法解释规定来看，这种批评并非毫无根据，确实有个别司法解释的条文并不是对某一法律规定进行解释，而是在现有法律之外创设了新的规则。但这种批评是站在一种特定的立法与司法分工的基础上的，即立法机关负责制定法律，司法机关负责适用法律，即使司法机关基于需要而对法律进行解释，这种解释也是有限度的，无权在现有法律规定之外创设新的法律规则。

“立法”“司法”“法律解释”从概念上很容易界定，但概念的界定并不能与实践相对应。事实上，立法—司法的分工，在不同国家呈现出不同的状态，实际的分工边界往往是不同的。比如，法国曾严格禁止法官创设法律，《拿破仑法典》第 5 条规定：“审判员对于其审理的案件，不得用确立一般规则

① 周旺生:《中国现行法律解释制度研究》，载《现代法学》2003 年第 2 期，第 6 页。

的方式进行判决。”[①] 因为大革命前的法国法官为了维护旧贵族的利益，往往任意创设法律规则。大革命胜利之后，出于对法官群体的不信任，法律规定立法权只能属于立法机关，法官无权染指，只能严格适用法律；而与此相配套的是法国开始了法典化运动。拿破仑之所以制定了一部两千余条的民法典，很重要的原因就是希望用这部民法把社会生活的方方面面都规定进去，法官审判时只需要找答案就可以了。[②] 正是在法国，行政法领域完全依靠行政法院形成的判例法，以至于有所谓“如果你把法国的行政法取消掉，法国的行政法仍然是存在的——那就是法国行政法院确立的规则”的说法。[③] 相应地，尽管美国以普通法为基础，但法官的审判活动也不能对立法机关的制定法置若罔闻，即使是美国联邦最高法院的判决，也可能因为已有立法而被推翻。因此，立法—司法的分工与其说是一种理论的推演，不如说是一种对现实状态的确认，单纯从概念上推演立法—司法分工，并不能理解司法解释的存在基础。

在我国，立法—司法的分工更是一种理论对现实甚至是对过往的切割。固然，任何社会都需要规则，任何政权治理也都离不开规则，但在新中国成立之初，并没有真正意义上的立法机关。1951 年《人民法院暂行组织条例》规定，人民法院审判案件，以《中国人民政治协商会议共同纲领》及人民政府颁布的法律、法令、决议、命令的规定为依据；无上述规定者，依据中央人民政府的政策。按照这一规定，人民法院审理案件除了以当时相当于宪法的《共同纲领》为依据之外，再就是人民政府的法律、法令、决议、命令。此时，并不存在一个本质意义上的立法机关，有权制定法律的主体是人民政府，而不仅是中央人民政府。直到 1954 年宪法颁布，并根据宪法成立了全国

① 《拿破仑法典（法国民法典）》，李浩培、吴传颐、孙鸣岗译，商务印书馆 1979 年版，第 1 页。

② 《拿破仑法典》第 4 条规定：“审判员借口没有法律或法律不明确不完备而拒绝受理者，得依拒绝审判罪追诉之。”其隐含的意思是，法典已经完备，法官能够在法典中找到一切答案。

③ 何海波：《行政诉讼法》，北京大学出版社 2015 年版，第 4 页。

人民代表大会，真正的立法机关才产生。但需要注意的是，全国人民代表大会不仅是立法机关，更是权力机关，包括最高人民法院在内的其他机关都由其产生，对其负责。两者之间的这种关系，并不是理论上的所谓“立法—司法”关系——一种相互分工、相互制约的关系，而是在一定意义上类似于上级机关与下级机关的关系。在这种关系里，权力机关或立法机关负责把握政策方向，明确原则，规定重点，而将具体问题交由司法机关“具体分析”。所以，这种分工关系本身就将社会治理规则的创设权同时赋予了立法机关和司法机关。且在创设规则的数量上，司法机关由于要解决具体问题，势必占主要部分。这也是我们理解 1955 年全国人大常委会发布的《关于解释法律问题的决议》中关于最高人民法院司法解释规定的语境。正是由于最高人民法院以司法解释的形式为全国法院审判提供了更为具体的规则，才使得在 1978 年之前，民法、刑法、诉讼法虽迟迟未被制定出来，但人民法院仍然可以在一定时期内履行打击犯罪、处理矛盾纠纷的职能。从这个意义上，甚至可以说司法解释在最初确实不是对已有法律进行解释，而是替代性立法。中国的最高立法机关和最高司法机关最初确实存在这样一种在宪法文本之外，与传统界定的立法—司法分工不同的一种分工，只是这种分工仍然是一种制度化的运作，[①] 而不是超越制度或者违反制度的。我们也就不能因为这种分工与一般意义的立法—司法分工不同，就将其认定为立法机关的懈怠或者司法机关的越权。

1978 年以后，这一制度化的分工开始变迁。一方面是立法的扩张。随着拨乱反正，随着工作重心向“以经济建设为中心”的调整，随着加强社会主义法治建设的提出，中国社会对法律的需求突然增大了。原有的立法—司法模式显然不能适应这种新的需求。根据《宪法》的规定，立法权力当属立法

① 有的学者将其称为宪法惯例，参见金振豹:《论最高人民法院的抽象司法解释权》，载《比较法研究》2010 年第 2 期，第 58 页。

机关。推进法治建设，实现有法可依，立法机关首先要肩负起立法的使命。20世纪80年代,《刑法》《刑事诉讼法》《民法通则》相继颁布。这一过程也是立法机关日益重视立法权力的过程。与此同时，相应的司法解释与立法机关颁布法律的依附性大大增强，完全脱离法律文本的司法解释基本消失。另一方面，此时最高人民法院的司法解释与其说是解释，不如说是对法律条文的细化和补充，两者关系仍然是立法提出较为原则性的规定，由司法解释对具体问题提出翔实规定。比如,《民法通则》第89条规定：“依照法律的规定或者按照当事人的约定，可以采用下列方式担保债务的履行：……（二）债务人或者第三人可以提供一定的财产作为抵押物。债务人不履行债务的，债权人有权依照法律的规定以抵押物折价或者以变卖抵押物的价款优先得到偿还……”该法律条文对抵押制度只作出了原则性的规定，而具体的关于抵押合同的订立、抵押物、抵押权的效力等都由最高人民法院制定的《关于贯彻执行〈中华人民共和国民法通则〉若干问题的意见（试行）》予以规定，由此，司法解释条文的数量远远超过法律条文的数量也就是必然的了。①

这一时期，立法机关也已经认识到立法应当具体、明确，具有可操作性。其实，立法的概括和粗疏也并非完全出于立法机关的本意，而是不得不采取的一种策略，这就是我们所熟知的“宜粗不宜细”的立法原则。这是因为改革开放后的中国进入市场经济并不是一蹴而就的，必然要经过一个逐渐发展的过程。在这个过程中，生产关系、利益结构等始终处在不断的变化和调整中。面对种种变化，任何制度安排，哪怕不是预先设计的制度安排，都有可能迅速脱离实际，甚至可能成为禁锢社会发展的工具。于是，社会的发展需要立法，而社会的快速发展又使所立之法可能很快过时，需要修改；同时法律又不能朝令夕改，否则就会动摇法律的权威性，影响法律规范社会的功能。

---

① 比如,《民法通则》只有156条，而《最高人民法院关于适用〈中华人民共和国民法通则〉若干问题的意见（试行）》却有200条。

此时，为保证法律规则的弹性，“宜粗不宜细”几乎就是唯一的选择。在这种背景下，如果不是从所谓的立法—司法分工出发，而是从中国现实对法律规则的需求出发，人民法院创设规则的功能就不可能被彻底否弃，反而会因不可避免的需要而随之扩张。

当然，即使在今天，“宜粗不宜细”的立法原则也继续存在并指导着立法机关的立法活动，一个重要的体现就是法律的修改往往既没有将此前司法解释中的规定吸收进去，也没有作出相应的新规定，而是选择不表态，于是法律的修改也就意味着对应司法解释的修改。如果说对于一个未知的问题，立法不好作出规定，或者不宜作出规定，对于司法解释已经作出规定，且适用多年的问题，法律修改时仍然不作回应，显然就是一种对“宜粗不宜细”立法思路的过度依赖了，[①] 与之对应的是最高人民法院司法解释的发展也不可避免地需要坚持另一种“路径依赖”，而不可能完全退缩到所谓立法—司法分工的框架中。

路径依赖也并不意味着毫无变化。在立法权力扩张的同时，立法活动法治化的要求也越来越强烈。2000 年《立法法》的颁布就是对这种要求的一种回应，也是在按照理论上的立法—司法关系重新规制立法机关、行政机关和司法机关的关系。随着法律对立法权限、立法程序、立法体系作出规定，司法解释的问题开始渐渐凸显，其作为规则创设者的地位受到质疑；就其自身而言，司法机关也越来越努力对司法解释活动进行规范，将司法解释定位在“法律解释”的范畴内，其目的和功能也逐渐由创设规则向主要解决法律适用中的问题转变。

因此，要全面客观审视司法解释，必须将其放在特定的历史情境下，只有在特定的立法—司法分工的话语体系内，才会发现其存在的一些问题。这

① 参见苗炎、叶立周:《全国人大常委会立法政策反思——以立法修改背景下司法解释为例的分析》，载《法制与社会发展》2012 年第 6 期，第 76 页。

也就意味着，我们必须首先肯定司法解释在相当长的历史时期内甚至现在都对丰富和发展法律规则发挥过或着发挥着积极作用，而不能仅仅纠缠于“司法机关是否在立法，或者是否有权立法”；当然我们也不得不正视，随着《立法法》的颁布，最高人民法院在立法—司法关系转型后进行司法解释有一段不适应期。随之而来的一个新问题是，在立法—司法关系作出彻底转型，由立法机关一力担负起制定具体而明确的规则时，当出现具有统一法律适用功能的其他制度时，司法解释是否就此退出历史舞台？毕竟如前所述，即使统一法律适用，也并不一定需要司法解释。

第三节　上诉审制度的缺失与司法解释

前文述及，随着立法活动的扩张，最高人民法院司法解释在创设规则方面的功能逐渐弱化，其越来越回归到解决法律适用中的具体问题，统一不同法官对同一规则的解释这一层面。并且，这种回归也是《立法法》的要求。时下仍然存在的一些超越这一层面的司法解释，也备受质疑。一个重要的原因是，尽管最高人民法院可以为这种颁布抽象司法解释的行为找到制定法依据，其必要性却值得怀疑。并且，正是由于存在这种类似于立法的抽象性司法解释权力，超越《立法法》所规定的权限来制定司法解释就不可避免。[①]从世界范围来看，在统一司法尺度上，采取由最高人民法院颁布抽象性司法解释做法的国家几乎只有中国。

在一些国家，不同法官对于统一规则的理解存在不同认识，因此会在案

① 有关的研究参见陈兴良:《司法解释功过之议》，载《法学》2003年第8期；贺日开:《司法解释权能的复位与宪法的实施》，载《中国法学》2004年第3期；金振豹:《论最高人民法院的抽象司法解释权》，载《比较法研究》2010年第2期。

件中作出不同的裁判。而这些不同的裁判经过上诉，可能会由上诉审法院进行审查，通过维持或者撤销下级法院的判决，实现对不同法律解释的肯定或者否定。如果当事人仍然对上诉法院的裁判不满，他还有权将案件上诉至更高级别的法院，而更高级别的法院在对该案审判的同时，也将对案件中涉及的有争议的法律问题作出最终的判断。在判例法国家，上级法院判决可能构成下级法院需要遵循的先例。而即使在非判例法国家，下级法院对上级法院的判决也会给予充分尊重，从而避免案件可能被撤销。这里仅是从一般意义上进行简单的阐述，实际情况要复杂得多。但无论如何，法律统一适用主要依靠的是上诉审和有限的三审制度，最高司法机关对法律适用问题的统一，也主要是通过审判具体案件来实现的。

基于此，有人认为，中国也应当以此作为方向，改变现行以诉讼标的为主要标准的级别管辖制度，增加三审，将一些有法律适用争议的案件交给更高级别的法院审判，从而使它们发挥统一法律适用的功能，最高人民法院也主要通过案件的上诉审或者三审来实现法律适用的统一，以取代司法解释的功能。也有人将希望放在已经制度化的指导性案例之上，希望渐渐通过指导性案例而非司法解释来实现法律适用的统一。但从中国的国情来看，上诉审也好，指导性案例也好，均无法替代司法解释。理由如下：

管辖制度的问题是很重要的原因之一。在目前以诉讼标的为主要标准的级别管辖制度之下，中级人民法院和高级人民法院审理的一审案件，特别是一审民商事案件大多只是因为标的额大，实际上并没有复杂的法律适用难题。即使存在难题，也多是因为双方之间法律关系复杂，或者对这一法律关系的定性不好把握。而目前最高人民法院颁行的各类民商事司法解释所解决的大多数问题都来自基层人民法院审理的案件，这些案件如果上诉，也是上诉到中级人民法院，而中级人民法院数量众多，即使在一个省的区域内，也很难对一些法律问题形成一致性意见；高级人民法院虽然负责审查民事申请再审案件，对有些存在法律适用错误的案件可以裁定启动再审程序。但从实践来看，在申请再审审查阶段，大多数法院和法官都会倾向于维持生效裁判的既判力，对于基于法律适用错误提起的再审申请，如果不是错误明显，均倾向于维持，而不是启动再审，这就造成进入再审的一般都是法律适用相对明确，只是没有受到原审重视的案件。所以，希冀通过再审审查的途径解决法律适用统一问题的难度同样很大，这也是高级人民法院在正常的案件上诉渠道之外，还保留着各种非正式的请示答复或协调沟通的原因；有些情况下，下级法院和案件当事人通过正常渠道，是无法把案件送交到高级人民法院手中的。

改变管辖制度的确是一个思路。《最高人民法院关于全面深化人民法院改革的意见（2014—2018）》（即“四五改革纲要”）提出“进一步改革民商事案件级别管辖制度，科学确定基层人民法院的案件管辖范围，逐步改变主要以诉讼标的额确定案件级别管辖的做法。完善提级管辖制度，明确一审案件管辖权从下级法院向上级法院转移的条件、范围和程序。推动实现一审重在解决事实认定和法律适用，二审重在解决事实和法律争议、实现二审终审，再审重在依法纠错、维护裁判权威”。但无论对级别管辖制度作何改革，管辖在绝大多数情况下都是司法正常运作的前提条件。诉讼标的额之所以会成为目前确定基本管辖的主要因素之一，是因为相对于其他标准，诉讼标的标准最好操作，在是否有管辖权仍然是案件立案时必须要审查的条件之一背景下，[①]用标的额作为标准，无疑最有效率，也最能减少争议。相反，如果采用“是否疑难复杂”“是否有重大影响”等标准，容易形成新的不确定因素和新的法律适用不统一。何况，案件是否疑难复杂在立案之初是无从判断的，许多初看并不疑难复杂的案件，经过审理之后才渐渐发现存在法律适用争议。

---

① 《民事诉讼法》和《行政诉讼法》都将属于受诉人民法院管辖作为案件受理的基本条件之一。

管辖制度只是影响上诉审制度发挥统一法律适用功能的一个因素，另一个因素是审级制度。由于两审终审制，大多数案件都在中级人民法院审结了，不仅最高人民法院受理二审案件是罕见的，即使高级人民法院也很少受理二审案件。而全国的中级人民法院有 300 多个，由于各地差异较大，指望中级人民法院通过二审完成法律适用的统一几乎是不可能的，甚至它们可能就是不同法律适用的源头。更关键的是，中国并没有建立任何一级的法律审制度，无论是一审还是二审都要对案件的事实进行审查，这种制度安排扩大了二审的案件范围，也势必冲淡了二审制度聚焦法律适用问题的功能。

更为深层的原因在于，中国的二审制度与上诉审制度有本质的不同。上诉审制度并不以纠错为目的，尽管案件被上级法院撤销、改判，但这并不一定意味着下级法院存在“错误”。而且对于上级法院而言，纠正一个错误个案的重要意义远不如回应法律适用上的争议和分歧更为重要，支持上诉人的请求只是二审法院统一法律适用尺度的一个副产品。所以上诉审中，法律适用问题是审查的中心，上诉审法院一般不考虑事实认定问题。[①] 但中国的二审制度中，上诉是当事人不服一审判决寻求救济的渠道，而二审的目的是由上级法院纠正一审错误。既然目的在于纠错，自然就不能对事实不清、证据不足视而不见，也就不能拒绝二审中当事人提交的新证据，甚至对于一审法院的法律适用，二审法院也同样考虑的不是需不需要对此作出回应，而是一审法院的观点是不是“错”了。“纠错”优先使得上级法院在审理二审案件时将关注点放在如何妥善解决面前这个纠纷上，而不是统一其中的法律适用分歧。

为何同样是基于当事人的上诉而启动，中国的二审却以“纠错”为目的？这主要源于中国司法的基本功能：解决纠纷。一般而言，解决纠纷和规则治

---

① 参见陈杭平:《统一的正义：美国联邦上诉审及其启示》，中国法制出版社 2015 年版，第 49 页。

理都是司法的功能，但不同国家的司法制度侧重点不同。在中国，司法的首要功能在于化解矛盾、解决纠纷，以达到维护社会稳定的目的。所以，司法权力的行使时常超出判断权的本质属性范围，司法过程也不仅是适用法律即告结束，而是必须彻底解决纠纷，实现案结事了。这一功能下的二审乃至再审，主要目标仍是更好地解决纠纷。基于解决纠纷功能及纠错目的，在其他国家可以统一法律适用的上诉审制度，在我国至少短期内很难建立起来。我们也就不能寄希望于用上诉审制度替代司法解释了。

第四节　案例指导的替代性和司法解释

在统一法律适用这条道路上，由最高人民法院来审理案件，短期之内是走不通的，于是有的学者就建议，以个案式司法解释而不是抽象性司法解释的方式解决这个问题，并逐渐过渡到判例制度。[①] 案例指导制度似乎恰好为这种思路提供了现成的制度资源，如果能够充分发布指导性案例，满足统一法律适用的需求，司法解释似乎就是不必要的了。

这种观点值得商榷。如果不站在某种教条基础上，就看不出为何最高人民法院一定要以案例而不是条文式的解释来推动法律适用的统一。从立法上来看，最高人民法院的司法解释权一直都有明确的法律依据，至少按照现行法，最高人民法院有权制定抽象的司法解释，尽管我们认为，最高人民法院在司法解释上存在一些问题，甚至可能在个别司法解释上超越了立法所划定的权限，其合理的思路也应是如何规范和约束这一权力的行使，而不是因噎废食，用另外一种制度取而代之。

① 参见陈兴良：《司法解释功过之议》，载《法学》2003 年第 8 期，第 54 页。

当然，作为最高人民法院近年来推进的一项重要制度，案例指导制度无疑对统一法律适用发挥了积极作用，但对于这一制度目前最高级别的规范性文件是最高人民法院的《关于案例指导工作的规定》，立法中并没有对这一制度作出规定。而这一规范性文件，恰好属于司法解释的范畴，如果取消司法解释，岂不使得案例指导制度成为无源之水，无本之木？同时，正是因为案例指导制度并没有立法上的依据，指导性案例的效力也就只能是“参照”，即可以作为裁判论理引用，但不能作为裁判依据引用。也是在这个意义上，最高人民法院反复强调，指导性案例不是判例。如果赋予指导性案例作为裁判依据的效力，其面临的合法性困境会更大。无论如何，现行宪法和法律都无法为判例法提供有效的制度支撑。

或许在钟爱指导性案例而对司法解释颇多微词的论者眼中，指导性案例来源于众多具体个“案”，而人民法院的职责功能就是审理案件，而不是颁布条文。但问题在于，指导性案例并不是最高人民法院亲自审理的案件，而只是被最高人民法院认可的案件，这些案件必须是能引起社会广泛关注的、法律规定比较原则的、具有典型性的、疑难复杂或者新类型的案件，以及其他具有指导作用的案例，其能被认可的关键仍然在于该案的“裁判要旨”得到了最高人民法院的认同，而“裁判要旨”的表现形式就是抽象的规则。所以尽管存在很多外在的差异，指导性案例仍然是通过最高人民法院以认可某种蕴含在下级法院裁判中的规则的方式发挥指导作用的，仅仅具有参考意义，是范例，不具有法律效力。

同样地，司法解释制度需要完善，指导性案例也不例外。截至目前，最高人民法院已经发布了18批96个指导性案例，虽然这些案例涉及民事、刑事、行政的方方面面，在解决一些法律适用的争议上有相当大的帮助，但较之司法实践中源源不断的需求不能不说是杯水车薪。但这并不是案例指导制度的问题。一个案例被发布为指导性案例，就有否定其他类似案件尝试其他法律观点的可能性，所以，即使经过了下级法院的层层筛选也需要格外审慎，速度慢一点，数量少一些，宁缺毋滥也许是好事。与此同时，既然指导性案例不能作为依据引用，下级法院的法官可能会觉得“不解渴”，在心理上也就可能不会重视。当然，即使法官忽视了指导性案例的存在，所作裁决被上级法院发回重审或者改判的可能性也不大，因为上级法院的法官也可能没有意识到该案例的存在；即使他没有忽视，审理案件时没有参照指导性案例能否被认定为“适用法律错误”也是值得探讨的，毕竟指导性案例不是法律。

以上从制度层面论证了指导性案例无法替代司法解释的种种理由，另外，还有人的因素。尽管在中国司法实践中，法官的案例需求量很大，但由于案例并不能作为依据，所以大多数法官没有养成适用案例的审判思维。在审理案件中，法官适用法律时仍然大体上按照演绎推理的“三段式”进行，即将法律规定——抽象的条文中蕴含的规则作为大前提，将案件事实作为小前提进行逻辑推理。不可否认，无论大前提的确定还是小前提的确定都不是机械和僵硬的过程，甚至可能是在法律和事实之间反复游走，但可以为裁判提供坚实法律基础的往往是条文式的规定，而无论这规定是法律、行政法规还是司法解释。案例也许可以提供参考，但并不能让法官安心。

特别是中国法官并不熟悉案例制度运作中不可缺少的“区分技术”。参照指导性案例的一个重要前提就是该案与眼下的案件属于类似案件，而案件是否类似却是需要法官运用区分技术进行判断的一个问题，亦即，将案例作为裁判依据或者参照，不仅要界定清楚什么情况下是类似案件，可以适用；还要界定清楚什么情况下不是类似案件，不能适用。显然，这并不是长期受大陆法系国家法律思维方式影响的中国法官所擅长的。而一旦不同法官对于是不是类似案件有了不同的认识，至少在这个意义上，法律适用的不统一性便加大了，而不是缩小了。

除了法官，当事人也是一项重要影响因素。面对抽象的规则，当事人和法官也会有理解上的分歧，分歧主要在于对规则含义的理解。面对案例，当事人和法官可能不仅对裁判要旨的含义有不同理解，对本案是否与案例类似、要旨能否在本案中适用也可能有争议。目前在司法实践中，很多当事人经常援引其他地区法院的判决作为支持自己诉求的依据，但实际上，两案之间有诸多当事人无法注意也不能理解的差异，而说服的过程往往异常艰难。所以，用案例完全取代司法解释，效果可能未必理想。

综上所述，就统一法律适用而言，案例指导制度是一个重要的补充，但只能作为司法解释的重要补充，就最高人民法院发挥统一法律适用的功能而言，司法解释制度仍然不可被替代。

第四章

司法解释的域外经验

在大多数西方国家，司法就是指法院的审判活动，司法机关就是法院，司法解释自然就是法院或法官对法律的解释。这些国家一般没有“司法解释”一词，法律解释就是司法解释的代名词。一般来说，对法律条文进行解释是司法活动的内在含义。没有对法律条文的解释，司法活动几乎无法开展。正因如此，“从主张只有立法机关可以行使法律解释权和严格分权原则，到立法性法院的出现，再到有权审查和纠正下级法院错误的法律解释的法院这样一个过程，必然伴随着对普通法院法律解释权的逐步承认”。[①] 本章将就域外两大法系国家和地区有关司法解释的情况逐一作简要介绍。

第一节　域外国家和地区的司法解释

一、普通法系国家的司法解释

英美法系又称“普通法系”，是指英国从 11 世纪起，以习惯法为基础逐渐形成的一种独特的法律制度，以及仿效英国的其他一些国家和地区的法律

① ［美］约翰·亨利·梅利曼：《大陆法系——西欧拉丁美洲法律制度介绍》，顾培东、禄正平译，知识出版社 1984 年版，第 46 页。

制度。英美法系是判例法系，它是 11 世纪以来的数百年间，英国法院判例所累积产生的法律规范。

（一）英国司法解释的演进

英国是普通法的发祥地，其源头可追溯到 1066 年的诺曼底征服。普通法以“不成文”的判例法为主要构成部分。作为判例法制度重要标志的遵循先例原则直至 19 世纪才最终完全确立。在 1861 年 *Bearish V. Bearish* 一案中，终审法院宣告本法院应受其前判决之拘束，在 1898 年的 *London Tramways V. London County Council* 一案中，法官海斯伯里引用谚语“诉讼应有结果乃是共同的福祉”阐述了终审法院应遵从其前判决，从而使法律具有确定性和安定性。至此，英国法才开始形成严格遵循先例的原则。采纳遵循先例原则的主要意义在于：增进法律的确定性、安全性和可预测性，限制法官的自由裁量权。因为对于相同或相似的情况，必须适用相同的规则，从而使人们相信法律规则是稳定的、公正的，人们可以从这些规则中预知自己的行为后果，而对于相同的事实和情况，法官必须受先例的拘束，不能随意裁判。所以，只有强调遵循先例原则，才能防止法官独断专行。

判例法的产生虽然不具有成文法那种文字表现形式，却与成文法一样具有法律效力和法律规范作用。显而易见，作为不成文法的判例法，它具有自己独特的特征：（1）判例法的稳定性。由于判例的可参照性和比照性，判例制度的遵循先例原则的做法可以使人们比较精确地预测自己行为的法律后果。更为重要的是，这种具体的可预测性，有利于广大民众自觉遵守法律法规，并且按照法律的相关规定来指导自己的言行，因而判例法具有较强的稳定性。（2）判例法的论理性。判例在适用过程中不是随意的，而是经过摆事实、讲道理的反复论证过程，最终在既符合法理又符合道理并在法学逻辑证实的情况下，成为示范的特征。在判例法的方法下，法院审理案件首先要明确的是摆在面前的问题是什么，其次才是旁征博引的工作。判决理由是一个案件的核心，是判例法的精髓。（3）判例法的客观性。判例法是人们在司法实践后创制的法律规范，因此，具有明显客观实在性。（4）判例法的灵活性。遵循先例的原则并不是叫人机械地遵循过去的判决，而是强调灵活性。判例产生于社会现实生活，是法律规范对社会生活变化的及时调整。在法无明文规定或旧的法律规定违背新的社会公共准则的特殊情况下，法官可以通过创制和适用新判例的方式，机敏地解决法律滞后的弊端。（5）判例法还具有新颖进步性。法官通过对新类型案件的审判，以案例的形式为同类案件的审判提供先例，完成了法律的局部更新。

英国法院对法律的解释最初是从解释令状开始的，及至成文法出现后，法院的解释权也自然得到了延伸。英国司法解释的发展轨迹大致是：中世纪至 18 世纪为灵活解释阶段，普通法官在司法解释方面有很大的自由，以至于司法机关对成文法进行修改已成家常便饭。但随意扩大适用成文规范逐渐被认为不恰当，形成了对法规的公平释义原则。在 19 世纪，法律灵活解释原则被严格解释所取代，对法官的限制严格到近乎苛刻甚至不顾一切的地步。进入 20 世纪，英国的司法解释又回到灵活解释的立场。判例法对法院的拘束力正在降低，立法却要面临由法院加以解释的挑战。在英国，解释立法的判决如同其所解释的立法一样成为一种法律的渊源，因为“没有经过司法解释的法律常常被认为缺乏经过司法确认后所具有的那种权威”。这里并不排斥议会至高无上的地位，只是说明司法解释拥有独立的地位和权威。英国著名法学家丹宁勋爵在谈到法律出现漏洞或对法律的解释会引起荒谬结果时指出，法官“必须对法律文字进行补充以赋予立法机关的意图以‘力量和生命’”。这些，正是 20 世纪英国司法解释的理论与实践。

（二）美国司法解释的演进

美国在英国殖民时期已开始适用普通法。美国的法院在适用遵循先例原则方面，不如英国严格。这不仅表现在联邦最高法院不必遵循其本身的判决先例，从而使其可以较为自由地解释成文宪法，而且表现在联邦法院的判例对州法院、州法院的判例对联邦法院均无严格的拘束力。当然最高法院的判例对联邦法院和州法院均具有严格的拘束力，在联邦法院、州法院系统内仍要遵循其上级及本法院先前的判例。如前所述，运用判例法或遵从先例原则的一个重要方法是“区别技术”。“区别技术”是指对含有先例的判决中的事实和法律问题与现在审理案件中的事实和法律问题加以比较，了解它们之间有什么异同，这种异同已达到什么程度。在分析包含先例的那一判决中的法律问题时，必须严格区分判决理由（ratiodeeidendi，在美国，习惯上称holdingofease）以及附带意见（boetidicta）。判决理由是指有约束力的先例，对于作出的判决来说，是必不可少的部分；附带意见则是判决中有说服力的先例。判例法的运作，因前后两案重要事实一致性程度之高低、判决理由适用方式之不同，或表现出较强的稳定性，或表现出较强的伸缩性。遵从先例原则以及实现该原则的“区别技术”、判决理由与附带意见是英美法系国家判例法得以形成和发展的关键，同时也是判例法的魅力和判例制度的精妙之所在。

对于美国的司法解释，美国法学家博登海默的总体评价是：“在美国，法规解释法亦处于不断的变化之中。相互冲突的倾向在法院中都起着作用，因此很难对何者应被认为是美国对待法规的普遍态度的问题作出总体性描述……然而尽管在法律解释这一领域中，当今仍然存在着大量的不确定性和混乱状况，但是某些发展趋势和发展方向还是显而易见的……在美国的法律史上曾有过一段时期，当时法院认识法规的方法就是，当一条法规包含有一种背离普通法的立法性改革时，法院不仅可以拒绝将它作为类推推理的依据，还可以用最为狭义的和限定最为严格的方式解释该法规的术语。”似乎说明当时的美国对制定法奉行的是严格解释的做法，究其原因并非出于对立法者的尊重，而是维护普通法的尊严排斥制定法的需要。今天，美国联邦法院和许多州的法院在接受制定法方面的态度，从整体上来看，已没有 20 世纪那么敌对了。在对待那些赋予普通法所不知的权利的补救性法规（如最低限度工资法规、社会治安法规或劳动赔偿法规等）时，往往持有一种慷慨豁达的态度。据此，可以说，美国的司法解释也经过了一个从严格解释到自由解释的发展过程。

（三）普通法系司法解释的特点

在普通法系国家里，由于司法解释权属于法院是毋庸置疑的，所以有关司法解释权的争议并不像大陆法系国家那样集中于司法解释权的归属上，而在于法院应如何解释法律。普通法系国家的法官制作的判例不仅可以对现有的成文法律进行解释，而且可以创制新的法律规则，即“法官造法”。在普通法系最具有代表性的国家——英国，立法部门制定的规则只有经过法官的解释和运用，才算真正被吸收进法律制度里面，法律未经法院解释就没有意义，不引用审判先例而单纯适用法律的判例是极少数的。如此看来，英美法系国家对制定法的解释，实际上还是在运用判例法的过程中进行的，而判例的适用是由法官进行的，这是普通法系国家的传统。在普通法系国家，立法解释没有存在的余地。

与大陆法系不同的是，英美法系素来尊重法官、尊重法官解释法律的实践。而且由于英美法系的资产阶级革命基本上对司法传统没有影响，以及受英美法系判例法传统的影响，英美法系的司法解释理论及实践一直较为稳定，前后相继性强。在英美法系，法律解释有广义和狭义之分。狭义的法律解释又称从严解释，是对法律字面含义所作的解释；广义的法律解释又称从宽解释，是指在明确法律条文语句含义的同时，以司法活动弥补法律缺陷的一种司法立法活动。这种活动往往能够填补现行制度法的空隙，补充成文法之不足或是将法律具体化。在法律解释的对象上，除了宪法、法律等法规以外，一般还包括国际条约、国际协定、遗嘱、契约等法律文件，可见英美法系法律解释的研究对象非常宽泛。同时，英美法系对法律解释的分类研究也非常详尽，具体有法定解释、学理解释、语法解释、逻辑解释、扩充解释、限制解释、自由解释、有限解释、预定解释、技巧解释等。英美法系法律解释的显著特征是：以判例法为主，法官在法律实施过程中起着至关重要的作用，具有相当大的自由裁量权，因此，解释者的观点、态度在很大程度上决定着法律适用的紧与松、严与疏。正如丹宁勋爵所言："法官在不改变法律织物的编织材料的前提下，把织物上的皱褶熨平，就好像立法者遇到类似情况也会这样做一样。"①

二、大陆法系国家和地区的司法解释

大陆法系又称为"罗马法系"或"成文法系"，是指覆盖欧洲大陆大部分国家的，从19世纪初以罗马法为基础建立起来，以1804年的《法国民法典》和1896年的《德国民法典》为代表的法律制度。法国和德国是大陆法系国家的典型代表。大陆法系的特点是，采用成文法，在法律适用技术上适用演绎式的三段论推理。

（一）古罗马法学家对法律的解释

大陆法系起源于古罗马法。在古罗马的法律解释发展过程中，法学家的作用是极其重要的。最初，法学家对罗马成文法的解释只具有很强的说服力，并不具有法律上的拘束力。直到公元2世纪，这种状况才得以根本改变。法学家解释的权威地位来自解答权制度。所谓解答权，是指由元首授予具有优异业绩并已获得权威地位的特定法学家解答法律问题的资格。在古罗马时期，法律解释除了由法学家完成外，审理案件的裁判官也加入其中。裁判官以"告令"的形式对法律进行解释。在内容上，裁判官在"告令"中基于当前的需要和自己对于法律的见解作出新的法律解释。这种解释是根据公平与正义的

① ［英］丹宁勋爵：《法律的训诫》，杨百揆等译，群众出版社1985年版，第10页。

原则进行的，经常超出既定法的范围。在整个古罗马时代，法学家和裁判官对法律的解释，对罗马法的发展和完善起到了非常重要的作用。欧洲大革命以后，各国都展开了大规模法典编纂活动。统治者认为法律规定已无所不包，法官的工作只需将具体的案件在既定的法律中对号入座即可，任何对法律的解释都是多余的，立法权唯一的享有者就是立法机关，法官在判案时不得将法学家的论著或以往的司法判例作为论据引用，也不得对法律进行解释。一旦在法律适用中遇到难题，应该把问题交给立法机关解决，由立法机关提供权威性的解释。但即使再详尽的法典也不可能穷尽所有的可能性，为一切案件设定明确的答案。在现实生活中，法官对审判中完全依赖权威解释造成的弊端和不便大为不满，而立法者也被那些看似简单平凡而实则困难重重的法律解释要求所困扰。正是在这种矛盾中，现代欧洲的法律观念不断发生变化，立法者在感受了亲自解释法律的失败后，不得不最终确立了司法解释，法律解释才逐渐被视为法院的日常工作。可见，大陆法系国家的法律解释经历了一个从只有立法解释没有司法解释到只有司法解释没有立法解释的过程。这实际上意味着大陆法系国家的法律解释经历了从严格解释到自由解释的演变。

（二）近代以来大陆法系法律解释的流变

现代大陆法系的司法解释经历了一个从否定、禁止法官解释法律到承认、重视法官解释法律的发展演进过程。18世纪末以来，由于固守三权分立与国家主义的观念，大陆法系在一段历史时期内否定法官解释法律的作用。严格的分权主义认为，国家内部只有立法机关才能立法，司法机关只能适用法律，不能有任何可能侵犯立法权的法律活动。法官在法律适用中一旦发现疑难问题，应把有关法律解释的问题都提交给立法机关加以解决，由立法机关提供权威的解释，用以指导引领法官；通过这种方法，矫正法律缺陷，杜绝法官造法，防止司法专横对国家安全造成威胁。大陆法系国家与英美法系国家的重大不同之处是法官依据立法机关制定的法律作出裁判。原则上，法官是法典的仆人，法官无权造法，即不得自行通过判例创设规则。从近代以来大陆法系传统中法律解释权的产生和演变情况看，大陆法系的法律解释经历了以下几个阶段。

1. 严格的立法机关解释阶段（18 世纪）

18 世纪，欧洲大陆奉行严格的分权原则，坚持解释属于立法活动，即“谁立法，谁解释”。也就是说，只有立法机关才有权作出权威的法律解释。这种解释体制的目的在于维护立法机关的立法权至上，防止法官借解释之名行立法之实，避免司法擅断和司法专横。在这一阶段，法官解释和适用法律的合法性和正当性就在于遵循立法原意，把案件事实与法律条款对号入座。例如，1794 年普鲁士王国的《普鲁士邦法》就禁止法官对邦法作任何解释；在遇到疑难问题时，法官只能将它们提交专门设立的“法律委员会”加以解释。此外，18 世纪末普鲁士制定了一部详尽的法典即《普鲁士民法典》，试图对各种特殊而细微的事实情况开列出各种具体、实际的解决办法，以便为法官提供一个完整的办案依据；同时禁止法官对法典作任何解释，遇有疑难案件，法官必须将解释和适用法律的问题提交一个专门设立的“法律委员会”。但是，尽管法典十分缜密，新问题仍然层出不穷。普鲁士的法典、“法律委员会”以及对法官释法的禁止，均以失败告终。再如，法国制宪会议于 1790 年 8 月 16 日—24 日通过的法律禁止法院在判决中作出一般规则，在法官认为有必要时必须请求立法机关解释法律或制定新的法律。但是，任何法律都不可能完善或者明确到不需要或很少需要法官的理解和解释便能运行自如的程度。普鲁士王国和法国制宪会议的这两个命令均未实现其预期目的。①

2. 立法机关专业机构司法化阶段（19 世纪）

19 世纪初，法律解释问题必须由立法机关进行解答。由于立法机关的精

---

① 参见沈宗灵：《比较法总论》，北京大学出版社 1987 年版，第 148 页。

力有限，最初设立于立法机关的专门机构性质逐渐发生变化，成为司法机关的一部分。

例如，法国在立法机关之下设立的“上诉法庭”、普鲁士设立的“立法委员会”等逐渐成为司法机关，在明确立法和司法分工的基础上允许法官在适用法律时进行解释。立法机关设立一个新的政府机构，即上诉法院，并授予它废除法院所作的错误解释的权力，法律规定这个新政府机构不属于司法系统，而是“类似立法机构的组织”，通过它，立法机关不必再解释法律，同时又拒绝了一般法官解释法律。

随着实践的发展，上诉法庭逐步演变为司法机关，并成为普通法院系统中具有最高地位的法院——上诉法庭。上诉法庭除了可以对法律作出解释之外，对于特殊案件也可以自行裁判。在强调成文法权威的基础上，大陆法系最终允许法官在适用法律时进行司法解释。[①] 德国“复审制”的创立则标志着欧洲法律思想的转向，即人们已经认识到法律解释必然成为法官日常工作的一部分，没有必要把法院系统复杂化。德国人创立了一个最高法院，并赋予它许多权力，包括撤销下级法院的错误判决，作出正确的法律解释，同时对被错判的案件进行复审。

3. 通过判决进行法律解释（20 世纪）

20 世纪，形势又发生了变化，大陆法系逐渐向英美法系靠拢。

法国通过司法判决来发布法律。1904 年，在纪念《法国民法典》一百周年时，法国最高法院院长巴洛·博普雷发言中的一段话，就代表了法律解释的这一主张。他说：“当条文以命令形式，清楚明确，毫无模棱两可时，法官必须顺从并遵守……但当条文有些含糊时，当它的意义与范围存在疑点时，当同另一条文对比，在一定程度上内容或者有矛盾，或者受限制，或者相反有所扩展时，我认为这时法官可有最广泛的解释权；他不必致力于无休

① 郭华成：《法律解释的比较研究》，中国人民大学出版社 1993 年版，第 25—26 页。

止地探讨百年以前法典制定者制定某某条文时是怎样想的；他应问问自己假如今天这些制定者制定这同一条文，他们的思想会是怎样的，他应想到面对着一个世纪以来法国在思想、风俗习惯、法制、社会与经济情况各方面所发生的一切变化，正义与理智迫使我们慷慨地、合乎人情地使法律条文适应现代生活的现实与要求。”[①] 由此可见，自 20 世纪以来，尤其是第二次世界大战以来，大陆法系国家极大地加强了法官在创制法方面的作用。主要表现在：法官以个人的司法解释方法来弥补法律规定的不足，已经显示了十分明显的效果。同时，法院的判例也逐渐成为法的渊源。例如，大陆法系的侵权行为法制定得十分原则和简略，因而，法官在实务中通过司法解释的方法创造了大量的规则，如在危险责任方面，德国法在判例中创造了“社会安全义务的违反等同于过失”的规则，并通过对《德国民法典》第 823 条第 1 款作扩大的解释使得侵权法保障的对象范围大大拓宽。而法国的法官对《法国民法典》第 1384 条关于过失责任的规定作出了十分灵活的解释，使过失的内涵及过失责任的适用范围大大拓宽。

（三）日本司法解释实例

日本作为大陆法系国家之一，在传统上与大陆法系有着诸多共同点。“二战”以后，日本受美国法律制度影响，开始借鉴判例法，并采纳了遵循先例原则。日本的《裁判所构成法》规定，下级法院必须遵循上级法院的判例。依据该法的规定，如果要作出与先例不同的判决时，“就同一法律问题，有与先前一个或二个以上的庭所为判决相反的意见时，该庭应向大审院长报告，大审院长因该报告，依事件之性质，命联合民事总庭、刑事总庭或民事及刑事总庭再予审问及裁判”（第 49 条）。在日本，最高法院的判例实际上具有严

① ［法］勒内·达维德：《当代主要法律体系》，漆竹生译，上海译文出版社 1984 年版，第 124 页。

格的拘束力。日本学者兼子曾指出:“大陆法乃成文法国家，对各个裁判中所表示的法理，并非直接且当然具有拘束力，然而关于制定法的解释、适用，或关于制定法规定的疏漏之处，如有相同意见的裁判通过重复做成的裁判形成规则，自然具有了补充制定法内容的功能，且具有法源性。”按日本学者的归纳，判例的作用主要体现在以下三个方面:第一，制定法规范的具体化;第二，实质上的法律修正;第三，实质上的立法。在现代日本社会，判例已经毫无争议地渗透到其法律制度的每一个阶段和方面，而不仅是扮演成文法条文的示范或解释的角色，就像在成文法制度下通常被限定的那样。众所周知，日本民法先是效法法国，后又师承德国，是传统意义上的大陆法系制定法主义国家。但在“二战”后，日本又嫁接了英美法系国家（主要是美国）的法律制度和方法，从而显现为目前这样以大陆法的成文法为主干，同时辅以英美法的判例法的混合形态。

（四）台湾地区司法解释实例

台湾地区秉承大陆法系传统，制定法的权威至上。司法解释仅针对个案作出。具体形式包括判例、大法官会议决议、民庭庭推总会议决议以及民刑庭庭推总会议决议。

1. 判例

台湾地区的判决与判例是有严格区分的。台湾地区存在判例制度，但不实行判例法。《判例要旨》中的判例，即使不是“最高法院”的判决，也代表着整个法院系统的观点，具有法律约束力，可以被后来的判决所引用，是具有规范性效力的法律文件。而其他的判决，即使是“司法院”公报中刊载的“最高法院”判决，也不具有法律约束力，不能被以后的判决引用，仅是具体化的司法命令，具有可供参考的价值。而在判例与判决之中，法院的解释是随处可见的。台湾地区的法院在形成判决与判例的过程中运用法律解释的各种方法。同时由于判例制度的广泛推行，存在于判例中的解释已然具有司法解释的特征。这种司法解释与司法机关的审判职能密切结合，是法院行使审判权的体现，但仍是一种针对个案的司法解释。

2. 大法官会议决议

台湾地区的“最高法院”可以申请大法官会议对具体案件的法律适用作出司法解释，澄清法律疑难问题。需要注意的是，台湾地区大法官会议作出的司法解释是针对具体案件进行的，不是规范性文件，仍然属于个案解释的范畴，通过采取利益衡量和价值判断等方法，来实现个案正义。

3. 民（民刑）庭庭推总会议（联合）决议

除前述形式外，台湾地区尚有民庭庭推总会议决议以及民刑庭庭推总会议决议对法律适用的具体问题进行司法解释的形式。此种决议仍然属于个案解释，具有规范的引导作用。

综上，在司法解释的风格上，大陆法系经历了从严格解释到自由解释的转变。在革命的早期，受国家主义、三权分立等观念以及大陆法系法官无权解释法律等传统因素的影响，注重法律的明确性和安定性，采用严格的文义解释方法，认为法官应严格按照法典的字面含义进行解释。但是随着社会的发展和时代的进步，法律实证主义逐渐衰败，新自然法学与法社会学复兴。先后兴起的自由法学和利益法学对法律解释产生了很大的影响，这些观点都主张法官拥有更大的权力和责任，强化法官在法律适用过程中的作用，承认法官在法律适用中的独立性和自由裁量权。法官实际上已经放弃了传统的“审判不依照判例，而依照法律”的原则，在实务中，判例的作用日益加强。总体上说，大陆法系学说的发展正呈现一种积极鼓励法官发挥其在填补法律漏洞方面的造法功能，发现社会生活中活的法律的趋向。

（五）大陆法系司法解释特点总结

总之，大陆法系国家强调严密的理论概括，强调成文法典的权威性，注重法典体系排列的逻辑性，强调国家的干预和法制的统一。在大陆法系国家，一方面，出于立法司法分权原则，理论上不允许法官有解释法律的权力。另一方面，由于事实上法律自身的天然局限，无处不需要解释，故又不得不容忍法官作司法解释，即容许法官作有限的立法。为了解决这一矛盾，大陆法系国家不约而同地采取了一种共同的解决方案，即设立“最高上诉法院”作为“立法性法院”，对保证下级法院正确统一解释和适用法律负有基本职责。大陆法系司法解释的总体特点是：（1）以成文法为法律解释的出发点，以注重法律的原义为基础。受法典化、成文法传统的影响，成文法是大陆法系法官进行法律解释的出发点和基础，在方法上以文义解释和逻辑解释为主，并在适当场合辅以历史解释和目的解释。（2）在尊重立法原意的基础上，法官们享有一定的自由裁量权。即法官在适用法律过程中，可以在尊重立法原意的基础上，运用自由意志来发现社会中的“活法”，自由地运用法律来解决具体法律问题。因此，大陆法系的法官不再是立法机关成文法的简单的、机械的、被动的执行者，法官在解释与适用法律过程中享有充分的自由，伸缩性的观念得到人们的普遍承认，人们觉得法官事实上在进行一种独创性的法律适用工作。

第二节　两大法系在司法解释方面的借鉴和融合

两大法系的司法解释理论及其实践尽管有诸多的差异，但仍有一些明显的共同点，如司法解释都是与具体案件相关联的，是因案而生的，离开了具体案件，司法解释便无从谈起，也就是说它们的司法解释都是个案解释或者是具体解释；司法解释都发生于裁判领域，裁判背景是不可缺乏的；司法解释的主体只限于审理案件的普通法官；司法解释的方法、技巧、价值判断很受重视，解释的技术性强，解释技术发达等。所以，普适性的司法解释是与法官适用法律相关联的一种专门的技术性活动，它应当也只能发生于法官处理具体个案的场合，而这些特性构成了与我国法律解释理论及实践的最大分野。另外，大陆法系司法解释通过合理吸收英美法系的判例制度，有向英美法系靠拢的趋势。

一、两大法系司法解释的融合

两大法系之间已在许多方面呈现互相借鉴、逐渐融合的趋势。这表现在以下方面。

（一）法律形式

两大法系相互借鉴。大陆法系越来越重视判例的作用，通过判例形式对既有的判例法进行补充和改进，以使法律在整体上能够适应社会发展的需要。英美法系也逐渐重视制定法的作用，并试图提高立法的适用效率和稳定性。20 世纪以来，英美等判例法国家已大大加快了制定成文法的步伐。以美国为例，美国国会和各州每年都要颁布大量的立法。这些成文法已变得越来越重要。

（二）功能发挥

制定法与判例法相得益彰。随着国家间联系的加强与法律的发展和演变，判例的地位及作用正在或者已经发生较大的变化。在两大法系国家，无论是以制定法还是以判例法为本位，都没有因为肯定此法源的首要地位便否定彼法源存在的必要。大陆法系以制定法为本位，但判例在某些领域却承担着第一位的作用，如法国行政法院创制适用判例。正如德国法学家指出的，“在大陆上，制定法的优先地位和把判决看作技术性的自动制作的谬见正在衰退，人们确信制定法不过是一种可以广泛解释的概括性的基本观点的表现，并且确信法院实务以持续的判例形态成为一种独立的法源”。而在英美法系国家的某些法律领域，成文法成了主要渊源。

（三）内在特征

两大法系国家的判例规则具有一些普适性的内在特征。作为法律规则，判例规则在两大法系国家均具有如下特征：第一，判例规则具有创造的开放特征。判例是法官司法经验的产物，判例法正是通过法官们不断地“发现”和“宣布”新的法律原则而逐步发展的，使法律适应不断变化的社会生活的职能留给了法官，法官的活动具有较大的创造性和柔韧性。第二，判例规则具有经验的进化特征。第三，判例规则具有统一的特征。第四，判例规则具有个别正义的特征。只要存在判例规则，它就自然地体现出上述特征。总之，判例法并不是英美法系的“专利”，而是任何一个法治社会的法律制度的组成部分。美国法社会学家马克·格兰特把判例法规则作为现代法律的一项重要原则。

二、两大法系司法解释融合对我国的启示

事实上，单一方法的局限早已被两大法系的立法者注意到。在实践中，他们立足于已有的法律传统，通过兼采混合的手段，将成文法与判例法有机地调和起来，共同担当起完善法制的重任。在两大法系相互吸收对方优点，走向趋同的大背景下，判例特有的功能和优势日益显示出来。在两种法系相靠拢的同时，均充分认识到对方的可取之处，都以恰当的方式确定相互的交汇点。在这种形势下，我们不应故步自封，不应将判例制度与我国的法律传统相对立，而应对判例法进行借鉴，特别是大陆法系的法治实践是我们考察借鉴的重要范例，应取其有益的并能与我国法律制度相融的东西为我所用。大陆法系 21 世纪初开始的法律实践，积累了丰富的经验，因此借鉴大陆法系

的实践经验，不失为少走弯路的有效途径。更何况大陆法系形成判例制度的背景、条件与我国极为相似。大陆法系的学说和实践，正呈现一种积极鼓励法官发挥其在填补法律漏洞方面的造法功能、发现社会生活中“活”的法律的趋向。近年来，俄罗斯、日本、法国和德国等典型的大陆法系国家都在发展过程中逐渐地借鉴了判例制度。在德国，“二战”以后，特别强调判例在补充法典和法律方面的作用，先例在德国虽不具有法律上的拘束力，却具有事实上的拘束力。在苏联时期，苏联法学曾经坚决否认判例的地位及其对法的发展作用。而在俄罗斯法发展中，宪法法院的建立则将判例的地位提高到新的高度。

近年来，判例在补充法典规定、指导法官办案方面的作用日益加强，日本在这方面表现得最为突出。在“二战”以后，日本受美国法律制度的影响，开始借鉴判例法，并采纳了遵循先例的原则。日本《裁判所构成法》第 49 条规定：“就同一法律问题，有与先前一个或二个以上的庭所为判决相反的意见时，该庭应向大审院长报告，大审院长因该报告，依事件之性质，命联合民事总庭、刑事总庭或民事及刑事总庭再予审问及裁判。”可见，在这些大陆法系国家，判例在司法实践中发挥着重要作用。

判例法在大陆法系国家内的成长方式主要有三种：一是某一部门法完全或主要由判例法来构筑。法国的行政法领域，实行的正是判例法。法国学者维戴尔甚至认为与民法、刑法不同的是，如果立法者取消全部行政法条文，法国的行政法依然存在，因为行政法的重要原则不在成文法中，而存在于判例之中。与此类似的还有德国的劳动法。二是根据成文法典的概括性原则或一般条款发展起一系列司法判例，丰富与完善成文法律的相关制度。在侵权法方面，法国法院通过一系列判例发展了《法国民法典》第 1384 条的过失推定理论，确定了责任推定制度，实质上等同于严格责任原则，成功地解决了传统的过失责任原则难以解决的大幅度增长的工业事故和交通事故赔偿问题。法国《侵权法》在五条原则性规定的基础上得到完善，起到充分调整侵权法律关系的作用。在德国，法院以《德国民法典》极富弹性的一般条款为依据，通过司法判例完善了契约法的诚实信用原则。三是法院判例发展出新的概念，以适应新的社会关系的需要。在德国，司法判例所发展的诸如“情势变更”“交易基础消灭”“与事实真相不符”“失效”等概念，修正了《德国民法典》契约法律最初的僵硬性。

三、两大法系司法解释的差异

大陆法系国家的判例与英美法系国家中的判例法还是有所区别的。这些区别具体体现在以下三个方面：

第一，司法机关对判例约束力的态度不同。大陆法系没有赋予司法判例以正式的法律约束力，判例属于一种非正式意义上的法律渊源；而在英美法系，判例被视为法律的重要渊源，是法律的主要形式。

第二，两大法系适用判例的条件不同。大陆法系只有在没有成文法的前提下才适用判例，而且大陆法系偏向于以一系列的判例为依据；而英美法系严格适用遵循先例原则，一个判决就足以构成有拘束力的判决。

第三，两大法系适用判例的技术不同。大陆法系国家重视从先例中抽象出理论基础，从而适用到当前的案件；而在英美法系国家，在引用判例时，必须严格区分“判决理由”以及“附带说明”。成文法规则有了判例的支撑，它的有效性会得到加强，这是毋庸置疑的。如果我们能借鉴大陆法系各国的经验，确立判例的法源地位，那么，很多司法解释本身无法摆脱的困厄便可迎刃而解。

第三节 两大法系法律解释学说的演变

一、19世纪司法解释理论

19世纪，三权分立理论开始向现实政治体制转变，同时欧洲大陆开展了大规模的法典编纂运动。两者在司法上导致的结果是对司法解释的排斥。19世纪司法解释理论上的注释法学和概念法学两大学派都属于排斥法官自由裁量权的严格规则主义。

（一）法国的注释法学派

注释法学派的产生是民法典编纂的直接结果。他们认为，成文法具有完全性。法律规范以法典的形式构成明确的体系，这个体系是普遍的不可侵犯的自然法原则的表现。对于法学家来说，法典之外不再有法源。对于法官来说，就是对法典所宣示的法律规范进行操作，有关法外的政治、经济、社会、道德因素都应排除，必要时可以探求立法者的意思。注释法学派注释的对象是法律文本即法律条文，其对法律条文严格解释的主张，符合当时历史条件下对于法律安全价值和可预见性的特别要求，同时也符合三权分立的要求。因此，严格禁止法官造法，视法官为适用法律的机器，法律解释也不外乎是探求立法的原意。但注释法学派法学家们也已经意识到，理论上有效的法与法院为适应社会的要求实际上所生成的法之间产生了深刻的分裂。严格的论理演绎的释法方法，已经无法解决法典制定者未预见和未规定的许多重大社会问题。

（二）德国的概念法学派

概念法学以注释为专长，偏重形式，把法律作为一种独立于其他社会环境的现象加以研究，由于对法律原理和社会基础的漠不关心，形成了立法者万能、法律无缺陷的认识。在概念法学家看来，社会的进步与发展似与法律没有多大关系。概念法学的主要特征：一是排斥习惯法和判例，以国家的制定法为唯一的法源；二是不承认法律缺陷，认为法律秩序具有逻辑的完整性，任何案件都可以用逻辑方法从现存法律体系中获得解决；三是用形式逻辑的操作方法对法律进行解释，只强调用文义解释和体系解释方法，排除释法者对具体案件的衡平考虑；四是否定司法活动的创造性功能，将法官视为适用法律的机器；五是认为法律是纯粹的理论认识活动，不具有实践的性质，无须进行价值判断。19 世纪后期概念法学占据支配地位，使司法解释理论陷入僵化保守的状态。

二、19、20 世纪之交的司法解释理论

19、20 世纪之交是一个急剧动荡的时代，旧的、僵化的法典不能适应发展变化的社会现实，而立法又不能及时跟进，如果固守注释法学和概念法学对法律保守僵化的解释理论，必然会阻碍社会的进步和法学的发展。因此，形成了对概念法学批判的自由法运动，要求打破概念法学的禁锢，弹性地解释法律；要求承认并补充成文法漏洞，发挥法官的能动性；主张自由裁量主义，反对机械司法。

（一）目的法学

目的法学以目的作为解释法律的最高准则。目的法学的创始人是耶林，他主张法律的目的不在于其本身，而在于一定的社会经济需要。法律是实现

一定目的的手段，是工具。他认为解释法律必须结合实际的社会生活，不能偏离法律目的，以此为解释的出发点，方能得出有要领的结论。

（二）历史法学

历史法学的代表人物萨维尼否定自然法的存在，同时又否定成文法是立法者的创造物。萨维尼反对机械司法，强调法官的自由裁量权，主张以法学家和法官的自由裁量权代替成文法典。

（三）自由法学

自由法学反对成文法是法的唯一渊源，承认法律的漏洞，重视现实社会中“活法”和“自由法”的作用，主张扩大法官的自由裁量权，允许法官根据正义原则和习惯自由地创制法规则。其主要观点是：（1）在国家法律之外存在一个类似于自然法而又不同于自然法的自由之法，其内容因时事而变化；（2）承认法律的漏洞和法官对自由法的发现权；（3）认为裁判是一种价值判断，法官可以依法律目的创造规范，甚至依法感情裁判。自由法学忽视了法官也是常人的问题，如果任其自由地、主观地创设法律，势必危及法律的安定性。

（四）科学法学

科学法学的代表人物是法国学者萨莱耶和惹尼。他们的法律理论是对19、20世纪之交法国司法现实的总结，并奠定了20世纪大陆法系立法与司法关系模式的理论基础。他们意识到司法解释对民法典的创造性作用，提出法官可以根据立法者将适用的同样原则来解决法典条款和传统解释方法的不足。同时，他们反对不顾立法者制定法律时的意志和意图，而只是借口变化了的社会关系来“自由”解释成文法律。法官必须根据立法者立法时的意图，根据当时存在的社会需求和社会关系来解释法律。科学法学在法律解释中还引入了目的论解释、进化论解释、利益衡量解释等新的解释方法。

（五）利益法学

利益法学的代表人物是德国学者赫克。其认为法学的解释并不仅仅停留在法律的文字或者立法者的主观观念上，而应当追溯到法律原因的“利益”。赫克要求将“利益的历史探究作为法律解释的基础。法官应当给予在法律中占支配地位的利益以优先权”。利益法学的主张主要是：一方面，承认成文法存在漏洞，应该由法官充任立法者的助手填补法律漏洞；另一方面，也认为对于法律漏洞不能通过自由地发现活法的方式予以填补，而应当对现存的实证法进行研究，以把握立法者所重视的利益，予以衡量和判断。

三、当代司法解释理论

当代司法解释理论主要是指进入20世纪以后，特别是第二次世界大战以后的法律解释学。其特征是将哲学解释学引入法律解释理论，并对传统的法律解释理论进行哲学反思，属于人文科学背景上的法律解释理论。

（一）富勒的新自然法学

新自然法学的代表人物为美国法理学家富勒。其认为，在保持官方行为和法律一致性的任务中，最微妙的就是法律解释问题。法制要求法官和其官员在适用法律时，不是根据自己的幻想或官样文章，而是根据符合整个法律制度的解释原则。而符合整个法律制度的解释必须要考虑：第一，制定该法案以前的普通法是什么？第二，普通法所不曾规定的弊端和缺点是什么？第三，国会已决定并命令以什么疗法来医治国家的这种疾病？第四，这种疗法的真正理由。然后，全体法官应作出制止病害并推进疗法的解释。

（二）德沃金的权利论法学

德沃金在其著作《法律帝国》中提出："法律是一种阐释性的概念。法官们应以阐释其他法官判断什么是法律的实践，确定什么是法律，对我们来说，法律的一般理论就是对我们自己司法实践的一般阐释。……作为整体的法律是把法学理论与实际判决结合起来，而是取决于对其已经开始进行阐释的同一法律实践作出更精练、更具体的阐释。"[①] 德沃金是在批判了对法律解释的惯例主义和实用主义这两种法律解释观以后，提出上述整体性的法律解释观的。他认为惯例主义主张最好的解释就是法官发现和执行特定的惯例，实用主义则主张法官仿佛是一个对美好未来的独立建筑师，法官尽管认为适用另一个规则比较公正或有效，但他们不认为自己可以自由改变惯例。在实用主义状态下，尽管法官一般会执行以前的判决，但他们并不承认惯例之类事务，不承认自己有遵循惯例的义务。他认为只有"完整性"的解释才是最好的解释。而完整性则是一种"政治道德原则"，一种"独特的政治理想"。它有时要求与其他理想妥协，也即人们对正义和公平有不同的认识时，国家也能根据一定原则来进行活动。根据德沃金的学说，在一些疑难案件中，法院可以不适用规则而适用一般原则；即使在适用一般原则有困难时，法官还可以诉诸更广阔的超出法律范围的政治道德原则或理想。此种观点表明德沃金也认可法官在特定情况下不仅可以行使自由裁量权，而且可以创造法律。

（三）拉兹的新分析实证主义法学

新分析实证主义法学的代表人物是英国法学家拉兹。其认为，在分析英国先例时，应特别注意分清有规定的争端和无规定的争端。两者的区别在于：在有规定的争端中，法律提供了一个解决办法，除改变现行法律外，法院不

---

① ［美］德沃金：《法律帝国》，李常青译，中国大百科全书出版社 1996 年版，第 364 页。

能创制新法律；在无规定的争端中，由于法律有漏洞，它并未为案件提供解决办法，所以法院可以创制法律。在有规定的争端中，法院通过区别、推翻前例、辩论终结和对制定法的解释而改变制定法的效力，从而对原先制定法加以更新或缩小其适用范围，以使其适应新情况。在无规定的争端中，一般是在法律用语和意图方面有意或无意地存在不确定状态，或者是存在相互冲突的规则而又缺乏解决冲突的相应规则。法院在这种情况下通过填补法律漏洞去创制法律。法院创制法律一般倾向于用不太确定的表达法，在法律容许的限度内运用自由裁量权去决定无规定的争端。此时，法律规定了一般框架，而由法院去填补法律漏洞。拉兹认为法官创制法律和议会立法之间的不同主要在于：其一，法官创制的法律在地位上不同于立法，具有可修正性，它较制定法的约束力要小。其二，法官创制法律是一点一滴的改造方式。法院通过一个判决对某一实体法领域进行巨大改造的能力是极为有限的，它主要是在无规定的争端中填补漏洞，在有规定的争端中区别前例。其三，法院创制的法律只不过是一个作为判决根据的具体案件，它绝不能发布一个管辖整个领域的法典，只能规定单一的规则和原则。

（四）弗兰克的现实主义法学

该学说是美国自20世纪二三十年代兴起的一种较激进的法学思潮，以反对传统法学，提倡立足现实而得名。其主要观点是贬低甚至否认法律规则（规范），主张法律就是法官或其他官员处理案件的行为或对这种行为的预测。杰罗姆·弗兰克是现实主义法学的主要代表之一。他认为，法律之所以永远不确定，是因为法律所面对的是人类关系最复杂的方面。即使在一个静态的社会，人们也从来没有创造出能预料到一切可能的纠纷并预先加以解决的、包罗万象的、永恒不变的规则。因为人类关系每天都在改变，也就绝不可能有持久不变的法律关系。美国现实主义法学的基本思想是：法律不是书本上的法律，而是行动中的法律；法律不是固定的规则，而是官员特别是法官的特别规则；法律不是一个规则体系，而是一批事实。弗兰克同时认为，了解法官判决，就要了解普通人在处理日常事务时如何作出判断。法官实际上是通过感觉而不是通过判断来判决的，是通过预感而不是通过推理来判决的，这种推理只出现在判决理由中。弗兰克还列举了调查数字，来说明审判是因人而定的，它反映了治安法官的脾气、个性、教育、处境和个人特点。

第四节　大陆法系的司法解释方法

大陆法系的司法解释以成文法为出发点，以注重法律原文为基本特点。其基本方法是文义解释和论理解释，以社会学解释、比较法解释为补充。

一、文义解释

文义解释是指按照法律条文用语的文义及通常使用方式，来阐释法律的意义和内容。文义解释的要求是在解释法律条文时，不考虑其他相关因素，严格按照法律文本的词义或语法结构说明其含义，不能扩大或缩小。在对法律进行文义解释时，一般从字面和语法两个方面来进行。

（一）字面解释

字面解释主要是从词义上对法律条文所使用的词汇予以注释，阐明法律条文的含义。这些词汇包括常用术语、特定术语、法律术语、技术术语。常用术语如法律规定中使用的“应当”“可以”等词汇。特定术语是指区别于一般常用术语，具有特定含义的词汇。法律术语是指法律条文中特有的专门术语，如不当得利、答辩、缓刑等。法律术语的含义一般都约定俗成或在法律条文中明确表述。技术性术语是指产生于科技领域，有其固定含义，将这一领域纳入法律调整范围之后被直接引入法律条文中的术语。

（二）语法解释

语法解释主要是对法律条文的词组联系、句子结构、文字结构、文字排列及标点符号等进行语法结构的分析，阐明法律条文的含义和内容。语法解释也是文义解释的重要方面，如关于因果关系、限定条件的分析对于准确理解和把握法律条文非常重要。

二、论理解释

论理解释是指参酌法律制定的原因或沿革等与法律有关的因素，对法律作出的超出文字含义的解释。具体如下。

（一）体系解释

体系解释是指依据法律条文在法律体系中的地位，依据其编、章、节、条、款、项的前后关系位置，或相关法条的法意，阐明法律条文意旨的解释方法。法律规范作为一个完整的体系，其内部的各项规定应当被推定为互相联系，彼此协调。因此，必须从联系的、整体的角度对法律条文进行解释，才能保证其体系的完整和协调，否则会形成法律条文的互相矛盾或前后脱节。

（二）法意解释

法意解释是指探求立法者或准立法者于制定法律时所作的价值判断及其所要实现的目的，以推知立法者的意思的解释方法，又称为沿革解释或历史解释。

（三）扩张解释

扩张解释是指法律条文字面意思失之过窄，在不足以表示立法本意的情况下，对法律条文作扩大解释，以期正确阐释法律条文含义的解释方法。

（四）限缩解释

限缩解释是指法律条文字面意思失之过宽，在不足以表示立法本意的情况下，将法律条文的字面意思限制在核心部分，以期正确阐释法律条文含义的解释方法。

（五）当然解释

当然解释是指法律虽然没有明文规定，但依据法律的立法精神，相关事项事实上已经包含于规定含义之中，因此将该事项解释为包括在该规定的适用范围之内的解释方法。

（六）目的解释

目的解释是指根据法律立法的目的，阐明法律条文含义的解释方法。需要注意的是，目的解释方法中的目的，不仅指原先制定该法律的目的，也可以探求该法律在当前的需要。如果原先的目的已不符合或不完全符合当前需要，可以通过法律解释使其符合。

（七）合宪性解释

合宪性解释是指依照宪法和其他位阶较高的法律解释位阶较低的法律的法律解释方法。

三、比较法解释

比较法解释是指引用其他法律的规定或国外立法例及判例学说作为一项参考因素，用以阐释被解释条文的意义与内容的一种解释方法。

四、社会学解释

社会学解释是指在法律解释中运用社会学方法，重点在于预测社会效果和衡量目的，在法律条文可能的文义范围内阐释法律规范意义和内容的解释方法。例如，1991 年在我国台湾地区有关伪造人民币是否构成变造有价证券罪的法律争议。高雄地方法院审理伪造人民币案，认为人民币不是有价证券，因此，对 7 名被告宣判无罪。对这一判决，我国台湾地区有支持和否定两种意见。持否定意见的人士认为，法律可以不顾政治，但不能无视社会实际问题，否则会造成民众认识上的混乱。与高雄地方法院解释相反，我国台湾地区财政管理部门发布的一项解释令认为，人民币在台虽然不是挂牌流通的货币，但因其在我国香港地区、美国均可兑换，在我国台湾地区可间接从事兑换，因此，人民币应被视为有价证券，伪造人民币应属违法。我国台湾地区行政管理机构大陆委员会也于 1991 年 12 月 13 日举行专案协调会报决议认定人民币为有价证券，伪造人民币违反公序良俗，属违法行为。

第五节　英美法系司法解释规则与辅助资料的运用

一、英美法系司法解释规则

英美法系法律解释的基本任务是确定国会的立法意图。在英美法系国家，法院或法官在解释法律时，为了使法律解释和判决更具说服力，需要遵循一定的规则，这些规则并非实体法上的规则，没有法律上的约束力，不必强制适用。在不同国家、不同时期，其内容、效力、范围也不尽一致。

（一）普通词义规则

普通词义规则又称显然意义规则或字意解释法，是指立法意图通过法律条文用词的通常意义来理解。如果字义含义清楚，就必须采用这种意义，而不必考虑立法意图，也不需要借助外力来帮助阐释，但是如果字义含义不明确，该方法就无法适用。法官在运用普通词义规则时，必须适用法规全文中的通常含义。需要注意这一规则中的重要概念：其一是法律全文，是指法律文件的全部构成因素，如法律条款、大小标题、序言、旁注等。此外，还有与法律紧密联系的其他内容，如其他相类似的法规，该法规通过当时的背景以及立法所要达到的目标。通读全文是作出正确解释的前提条件。其二是词语的通常含义，是指说英语的人士在日常生活中普遍使用的词语含义。但是如法律用语是特定行业的专门术语，则只能适用其专门术语的含义。其三是边际含义，是指两个事物之间互相联系但类属不很清晰的含义。法院在解释此类边际含义时，必须联系该法律条款的整个法律环境，才能比较合理地进行解释。其四是概括性词语，是指描述一类而非单个的行为以及人或事物的单词、短语或条款。在解释概括性词语时，其字面含义必须得到充分的尊重和执行。同时，概括性词语也应当受到一定的合理限制，即后法中的概括性用语不得推翻前法中涉及特定事项的规定。确定概括性用语的范围时，也不能完全拘泥于法律文字的字面含义，而应当根据法律全文进行判断。其五是主要含义与次要含义。主要含义是指最普通的常用的含义，次要含义是指该词语包含的其他层次的内容。如果根据字面含义可能导致荒谬的结果，法院有权采取补救措施，即在主要含义和次要含义之间作出选择。经过慎重并加以限制而非随心所欲的考量后，选择次要含义也可以接受。

（二）黄金规则

黄金规则又称目的解释法，是指法官可以根据立法意图改变法律用语的字面含义，以免出现荒谬的结果。具体做法是由法官改变、忽略、增加或删除法规字面含义的某些内容。当然，法官在进行这种解释性工作时，不能抛开法律全文包含的立法意图与立法目的。只有在遵守法律文字的文法和通常的意义会导致某种荒谬结果或与法律的其他部分抵触和失调时才可以进行，而且这种解释也应尽可能地对法律条文所用文字根据其文法或通常含义来解释，同时要以不导致荒谬结果为条件。

（三）疑问追究法

疑问追究法又称消除混乱的规则，因这一规则来自1584年海登案件判决，故又称“海登案规则”。其中提出有关法律解释的原则为：（1）在该法以前的普通法是什么？（2）普通法并未规定的混乱和缺陷是什么？（3）议会还决定用什么方法来解决国家的问题？（4）补救办法的理由是什么？本规则的主要内容是：如果按照字面解释会造成荒谬的、不公正的结果，法官可以也应该积极补救，以避免仅按字面解释所导致的荒谬结果的发生。通过寻求立法目的和立法意图选择有疑问的用语的确切含义。如果主要含义可能导致荒谬结果，则可以选择次要的或任何一个比较合理的含义。

（四）目的解释法

目的解释法是指根据法律目的来解释疑难问题的手段与规则。目的解释法是法律解释中最为宽泛的一种，法官的裁量权很大，引发的争议问题也最多。与疑问追究法不同，后者仅通过研究法律的缺陷来了解意图和词语的真正含义，而目的解释则是通过寻找那些在法律条款后的目的来确认法律的内容。目的解释在适用时有必要的限度，即在法律字面含义十分清楚明的情况下，即使某种情况表面上似乎不符合立法目的，也必须适用其普遍含义。

（五）法律解释的语言规则

法律解释的语言规则主要包括四类。

1. 同类规则

同类规则，即如果法律条文中的概括性用语只是把某一种或某一类人或物归类，而不是通过概括所有种类得出结论，那么对其解释应当限制在该种类的事物上而不是所有种类上。

2. 根据上下文求字义规则

根据上下文求字义规则，即根据整个句子甚至整个法律文件确定某一词语的含义，在运用中较为灵活，难度也较大。

3. 级别规则

级别规则是指规定下级人或事的法规不能通过任何概括性用词扩展到上级的人或事。也就是说，所列明的最高事物以下层次的事物，不可解释为超出所列明最高层次的事物。

4. 明示其一，排除其他规则

其含义是指法律中只提到某特定种类的一种或多种事物的，可以视为法律通过默示的方法，排除了该种类中的其他事物。

二、英美法系法律解释的辅助资料

（一）内部辅助资料

内部辅助资料是指法律体系中的有关内容和构成要件。亦即通过研究法律全文把握法律条文的字面含义，并在遇到疑难问题时，正确寻找答案。法律全文的主要内容实际上就是法律解释的内部辅助资料。这些资料包括长标题、短标题、序言、旁注、标点符号，以及同属制定法成分的解释条款、但书等。

（二）外部辅助资料

外部辅助资料是指法规文本以外的、未被归入政府印刷文本之中的辅助性资料。这些资料的作用在于从历史的角度对立法意图予以探究。主要包括以下四类：（1）字典以及以前司法意见书等书面资料所提供词语的概念。（2）作为先例的司法惯例。按照先例原则，法院对某一法规作出解释并据以判决案件的，本法院以及下级法院在以后的判决中适用同一规范的内容时，也必须采用这一解释。（3）涉及同一问题的其他法规。根据法律必须全面理解的原则，法官必须从总体上解释有疑问的法规内容，当存在涉及同一问题的其他法规时，虽然并非同时制定，甚至被废除，也应将它们作为同一体系和能互相说明的法律予以引用，以理解和解释所要适用的法律。（4）历史性资料。包括：法律史，即需要解释的法规的“立法前例”，其作用在于了解某一条款的发展轨迹；与该法规或条款有关的前议会的资料，如有关法律草案修改意见的文件；会议资料，包括一项法律作为法案初次印发时的文本和后来修正的内容、解释性备忘录、委员会的会议记录以及议会辩论等。

第五章

司法解释的权限

第一节　司法解释权限的概念

司法解释权限就是司法解释权的限度，是指有权的司法机关对法律进行解释的范围和程度。司法解释的权限与立法解释的权限具有重大区别，其根源在于司法解释与立法解释的不同。司法解释与立法解释在主体、程序、内容、效力等方面存在重要区别，这些区别决定了司法解释权限和立法解释权限的不同。因此，要区别司法解释的权限与立法解释的权限，就要厘清司法解释与立法解释的不同。前文已经论述过司法解释与立法解释的区别。本章以两者的区别为基础，阐述两者在权限方面的不同。

一、性质不同

司法解释权是指司法机关在履行司法权的过程中对法律进行解释的权力，是保证司法权得以合宪、合法、合理履行的前提。司法解释权主要包括依据宪法赋予的审判权而推导出的法官裁量解释权（又称具体解释权）和依据全国人民代表大会常务委员会授权和法律而获得的最高人民法院的规范解释权（又称抽象解释权）。[①]通常最受关注的司法解释权是最高人民法院的规范解释权，而法官裁量解释权较少被关注。[②]立法解释权则是指立法机关在履行立法权的过程中对法律进行解释的权力，是立法权的必然延伸。司法解释权与立法解释权的不同性质决定了两者的程序不同，即司法解释权的行使主要采用司法程序，而立法解释权的行使主要采用立法程序。

也有人认为，司法解释权和立法解释权在性质和程序上的不同并不能否定司法解释权的“造法”功能。这是因为“即使是在宪法明文规定分权原则时，立法职能——同一职能，而不是两个不同职能——也是分配给几个机关的，不过只给予其中之一以‘立法’机关的名义，这一机关绝没有创造一般规范的垄断地位”[③]。也就是说，司法机关不是不能“造法”，而是“造法”的程序不同，所受限制不同。

二、地位不同

立法解释权有明确的宪法和法律地位，而法官裁量解释权的宪法地位则需要从审判权中推导，最高人民法院规范解释权的法律地位也不够稳固。1982年《宪法》第67条把解释法律的权力明确赋予全国人民代表大会常务委员会，2000年《立法法》第二章第四节重申了法律解释权的归属，并对法律解释权进行了具体规定。然而，1982年《宪法》没有明确规定司法机关在司法过程中的法律解释权。2018年修订的《人民法院组织法》第18条第1

① 法官裁量解释是指法官将一般法律规定和法院规范解释适用于具体案件时所进行的解释。最高人民法院的规范解释是指最高人民法院在审判工作中就适用法律中普遍存在的问题作出抽象性、规范性解释。参见陈春龙：《中国司法解释的地位与功能》，载《中国法学》2003年第1期，第26—27页；董皞：《司法解释论》，中国政法大学出版社1999年版，第15页。

② 胡伟新等：《中国司法解释制度的发展与完善》，载《法律适用》2014年第12期，第29页。

③ 转引自苗泳：《最高人民法院司法解释权再思考——兼与郭辉、史景轩博士商榷》，载《河北学刊》2014年第1期，第172页。

款规定："最高人民法院可以对属于审判工作中具体应用法律的问题进行解释。"1955年6月，全国人大常委会通过的《关于解释法律问题的决议》第2条专门就法律解释问题作出规定："凡关于审判过程中如何具体应用法律、法令的问题，由最高人民法院审判委员会进行解释。"改革开放以来，全国人大常委会于1981年通过《关于加强法律解释工作的决议》，进一步明确了最高人民法院司法解释权及其行使的原则。2006年实施的《中华人民共和国各级人民代表大会常务委员会监督法》(以下简称《监督法》)第31条规定了司法解释备案审查制度。但是，2000年施行的《立法法》则没有规定司法解释权，2015年修改的《立法法》也只是在"附则"中的第104条规定了司法解释权。

三、范围不同

(一)空间范围不同

司法解释权的空间范围被限定在司法领域，甚至被限定在某一个案件之上。立法解释权的空间范围则几乎没有被限定，其权力范围及于司法、行政、立法等所有领域。①

(二)发生时间不同

司法解释权和立法解释权虽然都以法律文本的存在为前提和对象，发生时间都在法律通过之后，但是两者发生的时间仍然存在不同。根据2015年《立法法》的规定，立法解释的发生情形有两种：(1)法律的规定需要进一步明确具体含义的；(2)法律制定后出现新的情况，需要明确适用法律依据的。从发生过程来看，这两种情形的解释问题都发生在法律适用之前。2015年《立

① 陈春龙:《中国司法解释的地位与功能》，载《中国法学》2003年第1期，第25页。

法法》第104条第1款也可以佐证这一论断。[①]司法解释权则应发生在司法的过程中。[②]

（三）内容不同

根据2015年《立法法》的规定，立法解释针对的情况是“法律的规定需要进一步明确具体含义或者法律制定后出现新的情况需要明确适用法律依据”；司法解释则是“具体应用法律”的解释，“应当主要针对具体的法律条文，并符合立法的目的、原则和原意”。司法解释的特征是解释的具体性和应用性[③]，而不是体系化和条文化。

四、程度不同

司法解释权与立法解释权范围的不同决定了司法解释权与立法解释权对法律解释的程度不同，主要表现在效力和与事实的关系两个方面。

（一）效力

根据2015年《立法法》第50条的规定，立法解释同所解释的法律具有同等效力。也就是说，全国人民代表大会常务委员会的法律解释权具有终局性。根据2015年《立法法》第104条、1981年《关于加强法律解释工作的决

---

① 2015年《立法法》第104条第1款规定：“最高人民法院、最高人民检察院作出的属于审判、检察工作中具体应用法律的解释，应当主要针对具体的法律条文，并符合立法的目的、原则和原意。遇有本法第四十五条第二款规定情况的，应当向全国人民代表大会常务委员会提出法律解释的要求或者提出制定、修改有关法律的议案。”

② 郭辉、史景轩：《最高人民法院司法解释权的异化及反思》，载《河北学刊》2013年第2期，第163页。

③ 郭辉、史景轩：《最高人民法院司法解释权的异化及反思》，载《河北学刊》2013年第2期，第163页。

议》、2006年《中华人民共和国各级人民代表大会常务委员会监督法》第31条的规定，立法解释可以取代司法解释，司法解释的效力低于立法解释。因此，在权力位阶上，司法解释权低于立法解释权。[①]

（二）与事实的关系

司法解释权发生在司法的过程中，因而司法解释权与法律事实的关系紧密。法官裁量案件，适用法律，就是一个具体解释法律的过程，是法律涵摄事实的过程，法官裁决案件“流连忘返”于法律与事实之间，具有很强的个案针对性。即使最高人民法院的规范解释（又称抽象司法解释），也大都是以司法机关长期积累的司法经验为基础的。[②]司法解释权与法律事实更为接近，关系更加密切，更具个案针对性。然而，立法解释虽然会以执法和司法的经验为基础，但是其目的不在于个案，而主要针对法律的普遍效力，因而会从大量个案和事实中高度概括出普遍规律，更加抽象。

第二节 司法解释权限的现状、问题及其原因

一、司法解释权限的现状

要了解我国司法解释权限的现状，还需要从现有法律规定说起。

① 陈春龙：《中国司法解释的地位与功能》，载《中国法学》2003年第1期，第25页。

② 参见陈春龙：《中国司法解释的地位与功能》，载《中国法学》2003年第1期，第26—27页；董皞：《司法解释论》，中国政法大学出版社1999年版，第15页。

（一）宪法依据

因循1954年《宪法》，1982年《宪法》把解释法律的最终权力赋予全国人民代表大会常务委员会，并明确赋予法院审判权和赋予检察院检察权。虽然2018年修订的《人民法院组织法》第18条规定了最高人民法院可以对属于审判工作中具体应用法律的问题进行解释，但1982年《宪法》并没有赋予最高人民法院对属于审判工作中具体应用法律的问题的解释权。因此，最高人民法院的规范解释权（抽象司法解释权）的宪法依据不是不足，而是没有。[①]

但是，这并不能说明法院或者法官在具体案件中没有解释法律的宪法权力。这是因为人民法院要独立行使审判权，就必须在浩如烟海、庞杂繁复的法律中发现能适用于具体案件事实的法律规范。这不仅要以认定的法律事实为基础，而且要阐明抽象、繁复的法律条文。法律适用过程就是一个发现法律规范并进行法律解释的过程。也就是说，没有法律解释，法律适用将寸步难行，法律的实施将寸步难行。那种概念法学所预设的法官或者法院如“自动售货机”的前提是不存在的，能自动提供社会所需要的所有法律规范的法典是不存在的。这正如古语所说：徒法不能自行；人能弘道，非道弘人。总之，人民法院只要行使审判权，就必须解释法律。当然，这种法官裁量解释权可能由审理案件的法官来行使，也可能由审理案件的法院来行使，甚至由审理案件法院的上级法院或者最高人民法院来行使。不过，这种法官裁量解释权属于宪法权力——审判权的应有之义或者是必然延伸，不同于全国人民代表大会常务委员会或者法律授予最高人民法院的司法解释权。[②]

---

① 詹红星：《刑法司法解释的宪法审视》，载《政治与法律》2013年第4期，第62页。

② 胡伟新等：《中国司法解释制度的发展与完善》，载《法律适用》2014年第12期，第31页；[美]汉密尔顿等：《联邦党人文集》，程逢如等译，商务印书馆1980年版，第392—393页。

（二）法律依据

如前文所述，最早且一致规定最高人民法院的规范解释权（抽象司法解释权）的法律是《人民法院组织法》。其间，全国人民代表大会常务委员会还专门以“决议”的形式授予司法机关规范解释权（抽象司法解释权），即1955年的《关于解释法律问题的决议》和1981年的《关于加强法律解释工作的决议》。2006年的《监督法》第31条规定的司法解释备案审查制度，进一步明确承认了司法机关的规范解释权。

但是，统管“立法”的《立法法》并没有赋予抽象司法解释以正式法律渊源的地位，在本法实施之初干脆就没有规定抽象司法解释，不承认抽象司法解释的正式法律渊源地位。2015年修订的《立法法》虽在附则中规定了抽象司法解释，但进行了权限的明确限制，即抽象司法解释“应当主要针对具体的法律条文，并符合立法的目的、原则和原意”。2015年《立法法》仍然没有赋予抽象司法解释正式的法律渊源地位，而至多赋予抽象司法解释以非正式法律渊源地位。并且，本法第104条一改以往的概括授权的方式，明确规定抽象司法解释应当主要针对具体的法律条文，这意味着否定了司法机关针对一部法律的抽象司法解释权。然而，2007年最高人民法院的《关于司法解释工作的规定》第6条第2款规定“解释”可以就如何具体应用某一法律作出规定。这与2015年的《立法法》似乎有一些区别。2009年最高人民法院的《关于裁判文书引用法律、法规等规范性法律文件的规定》规定，司法解释（本文称抽象司法解释）可以在裁判文书中引用，实际上在一定程度上明确了抽象司法解释的正式法律渊源地位。有人认为，这也似乎与2015年《立法法》的相关规定不完全一致。可见，抽象司法解释虽然有诸多法律依据，但其可以作为正式法律渊源的依据是存在争议的。

二、我国司法解释权限存在的问题

（一）立法解释权与司法解释权的界限模糊

1978年之前，除了《宪法》《婚姻法》等几部法律之外，我国几乎没有其他正式法律。1954年规定的全国人大常委会的立法解释权几乎无用武之地。但是，人民法院得有依据来办案，于是就依据1954年《人民法院组织法》和1955年《关于解释法律问题的决议》直接通过司法解释把公共政策转化为裁判规则，审判权得以正常行使。

但是，1978年之后，随着众多法律的颁布和法律体系的完善，立法解释权和司法解释权的界限模糊问题逐渐凸显。虽然1981年《关于加强法律解释工作的决议》试图划分立法解释权和司法解释权的界限，但是立法解释权和司法解释权的界限并没有得到有效的划分，反而愈加混乱和模糊。全国人大常委会有关决议和《人民法院组织法》确立了立法解释与司法解释并存的法律解释体制以及“二元一级”的司法解释格局。2015年《立法法》第45条规定，法律解释权属于全国人大常委会，法律规定需要进一步明确具体含义或者法律制定后出现新的情况，需要明确适用法律依据的由其解释。然而，在实践中，所有的法律都由全国人大常委会作出解释显然不现实，由此形成了立法解释与司法解释界限划分模糊，解释方式雷同的局面。几十年来，司法解释不仅在数量上远远多于立法解释，而且有立法化倾向，尤其是司法解释中的“解释”“规定”这两种形式具有明显的一般性、抽象性和立法化特征。有的司法解释甚至超出法律本义，有僭越立法权之嫌。例如，最高人民法院关于如何认定黑社会性质组织犯罪的解释，其内容就不是针对《刑法》第294条界定黑社会性质组织的刑法规定用语的解释，而是加入“保护伞”等刑法条文中没有规定的内容。司法解释立法化的原因之一是立法解释机关没有充分行使立法解释职权；另一个重要的原因则是对立法解释与司法解释的划分界限模糊不清。尽管已经规定了两者的界限，但是正如一些学者所指出的，“进一步明确界限”与“具体应用”两者实质上很难作明确的区分。[①]

（二）司法解释权的立法权属性倾向明显，有僭越立法解释权和立法权之嫌

2006年《监督法》和2015年《立法法》虽然没有承认抽象司法解释的正式法律渊源地位，但是备案审查制度则变相承认了其法律渊源地位。这体现了立法者的矛盾心态。

在实践中，针对一部法律进行体系化和条文化解释的司法解释比比皆是，如《刑事诉讼法》《民事诉讼法》和《行政诉讼法》的司法解释比法典的条文还多，许多解释过于抽象，缺乏具体的解释对象，被学者称为“放空炮”和“无的放矢”；许多内容并非解释，而是创制规则。[②]司法解释权的立法权属性倾向日益受到学者批评和诟病，原因就在于司法解释权形成“二次立法”，僭越立法解释权和立法权。首先，司法解释权不断扩张，僭越立法解释权。每当一部法律出台之后，最高人民法院就会相应针对整部法律颁布司法解释，对整部法律进行系统、全面的解释。这种行为违背了司法被动性原则，以抽象法律解释的形式背离具体行使司法权的职权。不仅导致司法解释权的僭越，而且致使立法解释权的懈怠。其次，司法解释权不断异化，异化为立法权。最高人民法院的司法解释中包括的术语界定、法律漏洞填补、法律内容的改变与废止等问题已经超出了解释的范围和程度。这样的司法解释其实就是以解释之名行立法之实，异化为立法权，僭越了立法机关的立法权。[③]例如，2002年最高人民法院在《关于建设工程价款优先受偿权问题的批复》中规定，根据《合同法》第286条的规定，建设工程价款优先受偿权优于抵押权和其他债权。

---

① 胡伟新等:《中国司法解释制度的发展与完善》，载《法律适用》2014年第12期，第32页。

② 胡伟新等:《中国司法解释制度的发展与完善》，载《法律适用》2014年第12期，第33页。

③ 郭辉、史景轩:《最高人民法院司法解释权的异化及反思》，载《河北学刊》2013年第2期，第164—165页。

然而，《合同法》第286条只是规定建设工程价款就该工程折价或者拍卖的价款优先受偿，并没有说明优先何种权利。依据民法理论，建设工程价款属于债权，债权一般不得优于物权。最高人民法院认为建设工程价款优于抵押权，有违背法理之嫌。再如，《合同法》在制定时有意回避情势变更原则，而2009年最高人民法院的《关于适用〈中华人民共和国合同法〉若干问题的解释（二）》第26条则明确规定情势变更制度。如果说在民事领域最高人民法院的司法解释“造法”尚情有可原，在罪刑法定的刑法领域“造法”则是禁止的。①还有学者用公共政策转化为法律再适用的规律论证最高人民法院不能通过司法解释直接把公共政策转化为裁判规则。其理由包括：一是抽象化司法解释无法起到使公共政策合法化的作用。二是超越个案制定公共政策不符合司法权的性质。三是参与性的缺失影响最高人民法院制定公共政策的合法性和可接受性。②司法解释直接将公共政策转化为裁判规则的确会让最高人民法院陷入不必要的政治旋涡，被利益集团等各种力量所左右而不能超然。③

也有学者认为这种批评是错误的，担心也是多余的，并论证了创制性司法解释（此解释是指在不违背法律目的和精神的前提下，填补法律漏洞和明确法律含义等）的正当性，赞同把司法解释权限定在合理的范围之内。第一，最高人民法院的法律和现实地位难以侵夺立法权。第二，最高人民法院是公共政策执行机构，很难真正创制法律。第三，创制性司法解释权蕴含于1982年《宪法》第132条的审判权条款中。第四，创制性司法解释权的行使有利于实现最高人民法院的功能。第五，创制性司法解释权，属于最高司法权范畴，符合世界司法制度的发展趋势。同时，实体性司法解释比例过大、针

① 胡岩：《司法解释的前生后世》，载《政法论坛》2015年第3期，第43—46页。

② 丰旭泽：《论通过司法程序制定公共政策——兼论最高人民法院司法解释模式的转型》，载《政治与法律》2015年第1期，第143—145页。

③ 苗泳：《最高人民法院司法解释权再思考——兼与郭辉、史景轩博士商榷》，载《河北学刊》2014年第1期，第173页。

对整部法律的司法解释过多和个别司法解释的质量不高等问题基本取得了共识，认为必须采取措施把司法解释权限定在合理的范围内。①

（三）抽象司法解释权限制甚至掏空法官裁量解释权

抽象司法解释权与法官裁量解释权的关系虽然不会直接影响司法解释权与立法解释权的关系，但是提出和处理抽象司法解释权与法官裁量解释权的关系对处理司法解释权与立法解释权的关系是有助益的。这是因为如果能用法官裁量解释权取代或者部分取代抽象司法解释权，就能大大化解司法解释权和立法解释权的矛盾。

虽然诸多法律规定并没有褫夺法官裁量解释权，但是在司法实践中则形成了最高人民法院的司法解释权剥夺法官裁量解释权的局面，且这一局面得到 2015 年《立法法》的解释禁止、请示和批复制度、错案追究制等制度的强化，导致各级法院和法官患上要求最高人民法院进行“司法解释”的饥渴症。这在客观上让最高人民法院面临“违法解释”和“要求解释”的双重压力，不仅使最高人民法院不堪重负，甚至会造成“猪八戒照镜子——里外不是人”的结果。② 同时，在需要请示、批复的案件中，不仅禁止审理案件的法官或者合议庭解释法律，剥夺法官解释法律的权力，把合议庭变成了只是认定事实的“陪审团”，而且会使审级制在法律的适用上失效。这或许就是立法解释权与司法解释权界限不清的症结之所在。

三、我国司法解释权限存在问题的成因

作为一个特例，为什么会存在抽象司法解释权呢？大致来说，主要有以

① 苗泳：《最高人民法院司法解释权再思考——兼与郭辉、史景轩博士商榷》，载《河北学刊》2014 年第 1 期，第 170—173 页。

② 胡岩：《司法解释的前生后世》，载《政法论坛》2015 年第 3 期，第 42—43 页。

下几点原因。

（一）历史惯性——司法解释直接转化公共政策

抽象司法解释权是在新中国成立初期逐渐形成的。新中国成立初期，宣布废除国民政府的“六法全书”之后，新中国的法律体系并没有及时建立起来。司法机关在这一时期的工作原则是：“有纲领、法律、命令、条例和决议等，从之；无上述规定的，从新民主主义的政策。”人民法院的裁判则主要不是依据法律，而是政策。依照政策，积累经验，不仅裁判案件，而且形成了以司法解释为载体的裁判规则。这种情况一直持续到改革开放之前，逐渐形成了司法解释条文化、体系化的习惯和依赖。也就是说，这一时期，最高人民法院在党和国家政策的指导下，在总结审判经验的基础上，利用司法解释直接转化政策为裁判规则，填补法律空白，起到替代法律的作用。①

（二）法律供给不足，质量不高

改革开放至今，虽然社会主义法律体系已经形成并在逐步完善，但是在这期间，抽象司法解释仍是不可或缺的。这是由“宜粗不宜细”“宜快不宜慢”“成熟一条制定一条”的立法政策所决定的。在这种立法政策的指导下，法律不是规则加例外、例外之外还有例外的环环相扣的法典化，而是模糊的标准，甚至是原则。如果我国有判例制度，标准之下有众多的判例，最高人民法院也就没有行使抽象司法解释权的必要。②但是，我国并没有判例制度，最高人民法院就不得不通过抽象司法解释对粗糙的法律进行“二

① 胡伟新等：《中国司法解释制度的发展与完善》，载《法律适用》2014年第12期，第31页；胡岩：《司法解释的前生后世》，载《政法论坛》2015年第3期，第39—40页。

② 大陆法系法典化的规范模型是规则+例外，如物权的追击力规则+善意取得例外；英美法系的规范模型则是标准+判例，如排除合理性怀疑标准+相关的案例群。

次”加工。这种“二次”加工则是最高人民法院以往的工作方式，轻车熟路。[①] 同时，这一时期的司法解释仍然存在直接转化政策的现象。[②] 因此，坚持精致化、以司法为中心的立法原则，提高立法质量，是避免过多司法解释的不二法门。[③] 其理由是，“立法的抽象程度与法律解释权的大小成反比：立法越抽象，法律解释的余地越大；立法越细密，法律解释权就越小。法律解释权越大，越权法律解释出现的可能性就越大”[④]。

（三）立法解释权缺位

如果立法解释权能得到充分行使，司法解释权也就没有多大的创造空间。然而，事实上，全国人民代表大会常务委员会作出的立法解释屈指可数。这是因为全国人民代表大会常务委员会不仅在立法解释上的人力、财力、物力严重不足，而且立法解释的信息也严重缺乏。

（四）监督不力

立法解释权的严重缺位直接导致全国人民代表大会常务委员会对司法解释的监督乏力。全国人民代表大会常务委员会没有充分行使立法解释权，只能对司法解释权听之任之。全国人民代表大会常务委员会只是对司法解释进行备案，至今也没有撤销一个司法解释。如果上述原因不消除，抽象司法解释权仍将不得不被最高人民法院行使，司法解释权与立法解释权的界限也无

---

① 胡伟新等:《中国司法解释制度的发展与完善》，载《法律适用》2014 年第 12 期，第 31—32 页。

② 苗泳:《最高人民法院司法解释权再思考——兼与郭辉、史景轩博士商榷》，载《河北学刊》2014 年第 1 期，第 170 页。

③ 参见苗炎、叶立周:《全国人大常委会立法政策反思——以立法修改背景下的司法解释为例的分析》，载《法制与社会发展》2012 年第 6 期，第 82—83 页。

④ 赵秉志、陈志军:《论越权刑法解释》，载《法学家》2004 年第 2 期，第 69—81 页；苗炎、叶立周:《全国人大常委会立法政策反思——以立法修改背景下的司法解释为例的分析》，载《法制与社会发展》2012 年第 6 期，第 82—83 页。

法得到清晰界定。司法解释权僭越立法解释权的状况仍将持续。

如果上述问题得到了有效解决，那么司法解释权与立法解释权的划分将迎刃而解。首先，可以厘清立法解释权的专属权限，以排除司法解释权。立法解释的“明确界限”是明确权利义务的原则界限，对法律基本的、原则性条文，或者法律制定后出现新情况需要明确适用法律依据的，或者对同一问题的解释有重大分歧时，都需要进行立法解释。司法解释以法律存在具体应用问题为前提，且通常以具体的适用对象或案件为载体，因此，司法解释要在法律与立法解释所明确的法律框架内，针对个案作出具体解释，且不能改变法律的规定或与法律规定相冲突。其次，在厘清司法解释与立法解释界限的前提下，对于两者的边缘模糊问题，应当尽可能进行立法解释，防止司法实践因缺乏解释而无所适从的现象发生。理由在于，司法解释不仅权限有限制，司法解释主体在各自司法活动中对所适用法律的理解也难免有局限性，需要相对超脱的立法机关对立法进行及时、准确的解释。①

第三节　司法解释权的边界

在法律精致化的理想状态下，法律解释权也是必要的。作为法律解释权的一种，在法律精致化的理想状态下，司法解释中抽象司法解释权将会大大收缩，法官裁量解释权（在判例制度或案例指导制度之下）将会大行其道，成为主要的权力行使方式。那么，抽象司法解释权的边界在哪里呢?

① 胡伟新等:《中国司法解释制度的发展与完善》，载《法律适用》2014年第12期，第33页。

一、理想状态下的边界

（一）内容边界

根据2015年《立法法》第45条与第104条之规定，抽象司法解释权有其解释内容上的边界，即（1）禁止对法律的规定需要进一步明确具体含义或者法律制定后出现新的情况需要明确适用法律依据的情形进行解释；（2）解释不得与法律的目的、精神和原则相冲突。

（二）对象边界

司法解释的对象主要包括法律条文，但又不限于法律条文，还包括不成文的习惯法。司法解释的目的在于发现适用于具体案件的法律规范。因此，司法机关不宜也不可对整部法律进行抽象司法解释。否则，司法解释与立法解释、立法就没有程序上的区别，而沦为“二次立法”。根据2015年《立法法》第104条的规定，抽象司法解释权有其对象边界，即禁止对整部法律进行解释。

（三）主体边界

根据2015年《立法法》第104条的规定，与法官裁量解释权不同的是，抽象司法解释权有其主体边界，即抽象司法解释权的主体只能是最高人民法院和最高人民检察院。也就是说，其他任何国家机关、组织和个人，尤其是地方各级法院和检察院，均不得行使2015年《立法法》第104条规定的抽象司法解释权。

（四）创造性解释的边界

立法解释权和司法解释权都可以对法律条文进行阐明，甚至是填补法律漏洞。1982年《宪法》第67条把法律解释权和法律补充修改权分别规定，就意味着法律解释不能补充法律①，这种认识是狭隘的。这是因为当代解释学已经揭示，解释过程既有文本以其客观的意义移入解释者的头脑，又有解释者在微观领域内能动地创造法律。所以，扼杀法律解释的创造性，无疑是取消法律解释。②法律解释可以不修改法律而无形地发展和补充法律，法律修改则通过修改法律有形地发展和补充法律。而且，为了保护法律的权威性和稳定性，法律解释应当优先于法律修改来补充和完善法律。

但是，立法解释与所解释的法律具有同等效力，如同法律的制定和修改；司法解释的效力则低于立法解释和所解释的法律。因此，在创造性解释上，司法解释权限明显窄于立法解释权限。根据罪刑法定、处罚法定等原则，抽象司法解释权在创造性解释上有其边界，即（1）禁止对刑法规范进行创造性解释，如刑罚；（2）禁止对规定强制性规范的法律条文进行创造性解释。

二、过渡时期的边界

在理想状态基本实现之前的过渡时期，法律将走向精细化，抽象司法解释权也将会随之收缩，法官裁量解释权逐渐扩大。在这个时期，抽象司法解释仍然会大量存在。然而，抽象司法解释权必须严守2015年《立法法》第45条与第104条划定的内容边界、对象边界和主体边界。同时，抽象司法解释应逐渐向法官裁量解释转化，最高人民法院尽量避免作抽象司法解释，努力形成以法官裁量解释为主的司法解释模式。即使不得不进行抽象司法解释，也必须以大量的案件事实或者审判经验为基础来行使抽象司法解释权。③

---

① 郭辉、史景轩:《最高人民法院司法解释权的异化及反思》，载《河北学刊》2013年第2期，第165页。

② 苗泳:《最高人民法院司法解释权再思考——兼与郭辉、史景轩博士商榷》，载《河北学刊》2014年第1期，第169页。

③ 郭辉、史景轩:《最高人民法院司法解释权的异化及反思》，载《河北学刊》2013年第2期，第165页。

三、边界的有效性——边界守护者的执行力

司法解释和立法解释的内容、对象是大量重叠的，司法解释权的边界不是绝对的，而是相对的。仅仅从内容和对象上区分司法解释权的边界是不现实的。因此，必须激活立法解释权对司法解释权的监督和控制权，让全国人大常务委员会成为有能力、有动力的立法解释权的守护者。只有这样，司法解释权的边界才会逐渐清晰和实在。①

第四节　司法解释权的具体内容

对于司法解释权的具体内容，也就是司法解释权的内涵，可以从解释的内容、对象和程度等角度来把握和规定。本章论述的司法解释权的具体内容既适用于抽象司法解释权，又适用于法官裁量解释权。

一、解释内容

根据 2015 年《立法法》第 45 条与第 104 条之规定，司法解释权主体可以从以下几个方面来对法律条文进行解释：（1）对法律的规定需要进一步明确具体含义或者法律制定后出现新的情况需要明确适用法律依据之外的情形的解释；（2）符合法律的目的、精神和原则的解释。

① 参见李翔：《刑法修订、立法解释与司法解释界限之厘定》，载《上海大学学报（社会科学版）》2014 年第 3 期，第 138—139 页；郭辉、史景轩：《最高人民法院司法解释权的异化及反思》，载《河北学刊》2013 年第 2 期，第 166 页。

二、解释对象

司法解释权所针对的对象与法律事实联系紧密，甚至是水乳交融，具有具体性，这是司法解释权与立法解释权不同之处的重要体现。根据2015年《立法法》第104条和2007年《最高人民法院关于司法解释工作的规定》，司法解释权所针对的对象包括：（1）在具体应用法律过程中对法律的“具体条文”的解释；（2）对某一类案件或某一类问题如何应用法律的解释。在实践中，地方各级法院在审判过程中遇到如何具体应用法律时往往采取的是请示＋批复的形式，最终让最高人民法院来行使司法解释权。2010年案例指导制度实行以来，法官裁量解释才开始逐渐得到制度化的保障。但是，根据2010年《最高人民法院关于案例指导工作的规定》和2015年《最高人民法院〈关于案例指导工作的规定〉实施细则》，指导性案例的发现采取推荐和遴选制度。这种方式虽然可以保证指导性案例的质量，但是严重限制了指导性案例的数量。因此，人为过滤下的指导性案例与判例制下的案例是不能等量齐观的。期待时间和长期积累可以有效弥补指导性案例的劣势，以实现司法解释权行使方式的转变。

根据法律或者全国人大常委会的授权，抽象司法解释权不仅可以在具体应用法律过程中对法律的“具体条文”进行解释，而且没有被禁止对某一类案件或某一类问题如何应用法律进行解释。对某一类案件或某一类问题如何应用法律进行解释，所涉及的主要是一些具体的法律条文，而不是整部法律。2006年《监督法》和2015年《立法法》第104条规定的司法解释备案制度进一步承认抽象司法解释权的存在和合法性。因此，只要不涉及整部法律的解释，抽象司法解释权可以对某一类案件或某一类问题如何应用法律进行解释。[①]

---

① 苗泳：《最高人民法院司法解释权再思考——兼与郭辉、史景轩博士商榷》，载《河北学刊》2014年第1期，第169页。

三、非创造性解释

非创造性解释是法律解释的主要内容，也是司法解释的主要内容。非创造性解释就是在词语和语句的“射程”范围之内阐明法律条文的含义，以发现法律规范。例如，全国人大常委会《关于〈中华人民共和国刑法〉第三百一十三条的解释》对国家机关工作人员参与拒不执行判决裁定的行为如何定罪进行了解释：国家机关工作人员有上述第四项行为（被执行人、担保人、协助执行义务人与国家机关工作人员通谋，利用国家机关工作人员的职权妨害执行，致使判决、裁定无法执行的）的，以拒不执行判决、裁定罪的共犯追究刑事责任。这一对刑法总则的共犯原理在分则中的具体应用的解释，显然就是一个非创造性的提示性解释，大可不必运用立法解释，司法解释就可以解决此问题。[①]当然，上述的立法解释也是合法的，这是由立法解释权的最终性决定的。

四、创造性解释

在对包含强制性法律规范的法律条文进行解释时，司法解释一般不能进行创造性解释。然而，在对包含任意性法律规范等非强制性法律规范的法律条文进行解释时，司法解释既可以进行非创造性解释，也可以审慎地进行创造性解释，利用所有的法律渊源来发现适用于案件的法律规范。例如，在民事领域，法官不得拒绝裁判。[②]因此，法官必须对法律条文进行创造性解释，以发现法律规范。也就是说，在民事裁判中，有法律则依法律，无法律则依

---

① 李翔：《刑法修订、立法解释与司法解释界限之厘定》，载《上海大学学报（社会科学版）》2014年第3期，第139页。

② 1804年《拿破仑法典》第4条规定：“裁判官若以法律无规定或规定不明确、不完备为理由，不进行审判的，以拒绝审判论罪。”参见李记华：《论刑法司法解释的任务和权限》，载《人民检察》1995年第7期，第6页。

习惯，无习惯则依法理。[①]18世纪菲特烈大帝通过《普鲁士法典》来禁止法官的解释权的失败则是有力的反证。[②]

不管是非创造性解释还是创造性解释，审判案件的法官或者合议庭都应该是主力军。否则，案件事实与法律适用就会人为脱节，不仅会造成“抽象司法解释依赖症”，而且会导致法律适用上的审级制的破坏和法官审判能力的下降。[③]因此，从长远来看，案例指导制度将是解决此问题的方法。这是因为，指导性案件激发了审判案件的法官或者合议庭在审判过程中进行法律解释的积极性和主动性，可以改变机械适用法律及其司法解释的惰性和惯性。案例指导制度是恢复1982年《宪法》第127条蕴含的法官或者法院的法律解释权的一个“法门”。[④]

当然，审判案件的法官或者合议庭在解释法律时，应综合运用文义解释、体系解释、目的解释等方法，区分强制性规范和非强制性规范。对强制性规范的发现与解释必须守住文义解释的底线，对非强制性规范的发现与解释则可以采取填补法律漏洞等创造性解释。[⑤]在创造性解释上，审判案件的法官或者合议庭必须审慎，遵循解释的限度：（1）只能在制定法的缝隙中造法；（2）所造之法不能违背法治原则、精神及法律的目的和程序等；（3）必须经过法律论证和价值衡量。[⑥]

---

① 1912的《瑞士民法典》第1条第1款和第2款规定：如本法没有可适用之规定，法官应依据习惯法，习惯法也无规定时，法官应根据其作为法官阐发的规则判案，在此他要遵循业已公认的学说和传统。它明确地告诉我们：习惯法、公认的学说和传统也是国家法的有效渊源。参见张彩凤、金云舟：《制定法上的舞者——关于司法解释的另类解读》，载《中国人民公安大学学报（社会科学版）》2008年第1期，第41页。

② 董皞：《司法解释之管见》，载《政法论坛》1997年第6期，第4页。

③ 胡岩：《司法解释的前生后世》，载《政法论坛》2015年第3期，第42—43页；李永升、张飞飞：《最高人民法院刑事司法解释法律渊源地位之证伪》，载《当代法学》2013年第4期，第39页。

④ 胡岩：《司法解释的前生后世》，载《政法论坛》2015年第3期，第42—43页。

⑤ 苏永生：《刑法解释的限度到底是什么？——由一个司法解释引发的思考》，载《河南大学学报（社会科学版）》2014年第1期，第73—74页。

⑥ 陈金钊：《法治与法律方法》，山东人民出版社2003年版，第316页。

第六章

司法解释的形式

形式是指某物的样子或者构造，也就是指事物的外形，区别于该物的构成材料。司法解释的形式是指司法解释的外形，也就是指司法解释的表现方式，类似于法律的表现方式——法律渊源。类型化是科学研究的重要方法和手段之一。对司法解释形式进行类型化，既是深化司法解释理论研究的需要，也是司法实践的需要。首先，对司法解释形式进行类型化是进一步认识司法解释的内容、特征以及规律的需要，有助于认识和揭示司法解释的特征，并透过这些特征更深层次地把握司法解释的内容和运行规律。其次，对司法解释形式进行类型化有助于推进司法实践活动。对司法解释形式进行科学的类型化，有助于把握不同司法解释的具体要求，从而遵循相应的活动程序和标准，使之符合法治的要求。

第一节　司法解释的学理类型

按照学理划分，当前我国的司法解释主要分为法官裁量解释与抽象司法解释。

一、法官裁量解释与抽象司法解释的概念

从传统意义上来看，司法解释形式就是判决或者裁定。目前，无论是英

美法系还是大陆法系，基本上都承认法官在个案中的法律解释权。这种司法解释一般存在于判决书或者裁定书的说理部分，是法官对个案所适用的法律进行的阐明。这种解释形式在我国学理上称为法官裁量解释或者具体解释。在我国，最高人民法院和最高人民检察院还可以出台具有普遍约束力的司法解释。这种解释形式在学理上称为抽象司法解释或者规范司法解释。①

二、法官裁量解释与抽象司法解释的区别

（一）主体不同

法官裁量解释的主体是法官或者合议庭。由于历史的原因，我国没有在宪法上赋予法官独立审判权，而是赋予法院独立审判权。重大和疑难案件如何适用法律往往需要审判法院的审判委员会来讨论决定。因此，从重大和疑难案件上来说，我国的法官裁量解释应称作法院裁量解释。当然，重大和疑难案件的数量不是太多，审判法院的审判委员会由本院的资深法官组成，审判委员会的裁量解释可以视为扩大意义上的法官裁量解释。②

抽象司法解释的主体是最高人民法院和最高人民检察院。最高人民法院和最高人民检察院是抽象司法解释的法律授权主体，其他主体不得作出抽象司法解释。

（二）行为方式不同

抽象司法解释是主动行为的产物。根据2006年《监督法》、2015年《立法法》和2007年《最高人民法院关于司法解释工作的规定》，抽象司法解释

① 陈春龙:《中国司法解释的地位与功能》，载《中国法学》2003年第1期，第26—27页；胡岩:《司法解释的前生后世》，载《政法论坛》2015年第3期，第38页。

② 陈春龙:《中国司法解释的地位与功能》，载《中国法学》2003年第1期，第27页。

的制定程序为：立项，起草与报送，讨论（通过），发布、施行与备案，编纂、修改、废止。虽然2007年《最高人民法院关于司法解释工作的规定》第3条规定司法解释应结合审判工作实际需要而制定，但是司法解释的制定程序与一般的立法程序几乎没有太大区别，是最高人民法院主动而为，而不是因为某一个案件被动引起的。此种解释与普通法系法官不得脱离具体案件对法律进行抽象审查不同，也与大陆法系一些国家法官至多只能充当具体案件立法者的规定各异，而是最高人民法院依据规定的“类立法”程序主动地、有计划地颁布的具有普遍约束力的法律解释。[①]

法官裁量解释则是被动行为的产物。法官裁量解释发生在案件审理过程中，是法官把案件事实涵摄在某个法律规范之过程中阐释法律的产物。因此，法官裁量解释具有案件依附性或者附带性。也就是说，如果没有具体案件的存在，法官裁量解释也就没有存在的必要和基础。因此，法官裁量解释具有司法权的性质——被动性。[②]

（三）权力来源不同

抽象司法解释的权力来源是法律或全国人大常务委员会授权。抽象司法解释的最早法律授权是1954年的《人民法院组织法》，1955年和1981年全国人大常务委员会肯定并细化了抽象司法解释的授权。2000年《立法法》则没有对抽象司法解释作出回应。2006年《监督法》继续以备案审查的方式肯定了抽象司法解释的存在合理性。2015年《立法法》又对抽象司法解释进行了“限制性”授权。

法官裁量解释的权力来源则是宪法。有人认为此种解释虽然没有经过法律的明确授权，但在司法实践中具有无可争辩的法律效力。[③]其实，此种解

① 陈春龙：《中国司法解释的地位与功能》，载《中国法学》2003年第1期，第26页。
② 陈春龙：《中国司法解释的地位与功能》，载《中国法学》2003年第1期，第27页。
③ 陈春龙：《中国司法解释的地位与功能》，载《中国法学》2003年第1期，第27页。

释的法律效力是有来源的——宪法的授权，即法官裁量解释权是宪法授予法院以审判权所应有之义。[①] 这是因为解释法律是适用法律的前提和基础。

（四）存在形式不同

根据有关规定，抽象司法解释的存在形式主要有最高人民法院颁布的“解释”“规定”“批复”“决定”“通知”“答复”等形式，最高人民检察院颁布的“解释”“批复”“规定”“决定”“规则”和“通知”等形式。[②]

法官裁量解释的存在形式主要是判决、裁定。在我国，法官裁量解释又可以类型化为“个案既判力”的法官裁量解释和“指导性”的法官裁量解释。[③] “指导性”的法官裁量解释主要存在于但不限于最高人民法院公报刊登的典型案例的判决、裁定和最高人民法院确定的指导案例的判决或裁定。“个案既判力”的法官裁量解释则存在于各级法院的判决与裁定中。

三、法官裁量解释与抽象司法解释的关系

此命题在普通法系和大陆法系国家是不存在的。这是因为这些国家的法院没有抽象司法解释权，也就没有抽象司法解释形式。由于历史的原因，我国没有实行法官独立审判制度，而是法院独立审判制度。这在当时只是权宜之计。但是，这一权宜之计却逐渐成为稳固的制度，包含在法官独立行使审判权的法官裁量解释不得不成为法院裁量解释，甚至被抽象司法解释替代。因此，正确处理法官裁量解释和抽象司法解释的关系不仅是法院独立审判的

① 贺日开:《司法解释权能的复位与宪法的实施》，载《中国法学》2004 年第 3 期，第 6 页。

② 此处的抽象司法解释不仅包括法定的抽象司法解释，如最高人民法院的“解释”“批复”“规定”“决定”，还包括“答复”“通知”等事实上的抽象司法解释。事实上的抽象司法解释在本书第九章的司法解释性质文件研究中有专门讨论，此不赘述。

③ 曹士兵:《最高人民法院裁判、司法解释的法律地位》，载《中国法学》2006 年第 3 期，第 177—179 页。

要求，而且是“员额制”“责任制”等司法改革的要求。

（一）抽象司法解释不能替代法官裁量解释

虽然抽象司法解释是最高人民法院在总结审判经验的基础上作出的，与案件事实较为接近，但是抽象司法解释却是具有普遍约束力的规范，具有抽象性。具体案件的审判法官或者合议庭则往往仍需要对“抽象司法解释”进行“解释”。因此，抽象司法解释往往不具备个案“针对性”。如果用抽象司法解释直接替代法官裁量解释，不仅会泯灭个案的针对性，而且会造成解释、适用法律和事实认定之间的人为“割裂”，违背审判规律，破坏责任制和审级制。例如，如果最高人民法院根据高级人民法院的请示作出解释法律的批复，审判案件的法官或者合议庭根据此批复适用法律，并作出裁判。如果此批复的法律解释有误，导致裁判有误。此时，如何追究责任？同时，此批复在被发现有误之前，各级人民法院包括最高人民法院都得遵照执行，审级制将失去意义。

（二）法官裁量解释可以转化为抽象司法解释

蕴藏在判决和裁定中的法官裁量解释可以被最高人民法院作为审判经验，通过法定的程序转化为抽象司法解释。

当然，通过指导案例制度，“个案既判力”的法官裁量解释也可以转化为“指导性”的法官裁量解释，同样也可以起到抽象司法解释的作用。例如，2014年12月25日最高人民法院发布的《指导案例38号：田永诉北京科技大学拒绝颁发毕业证、学位证案》形成以下指导性的法官裁量解释：（1）高等学校对受教育者因违反校规、校纪而拒绝颁发学历证书、学位证书，受教育者不服的，可以依法提起行政诉讼；其理由是，高等学校与受教育者之间属于教育行政管理关系，受教育者对高等学校涉及受教育者基本权利的管理行为不服的，有权提起行政诉讼，高等学校是行政诉讼的适格被告。（2）高等学校依据违背国家法律、行政法规或规章的校规、校纪，对受教育者作出退学处理等决定的，人民法院不予支持。（3）高等学校对因违反校规、校纪的受教育者作出影响其基本权利的决定时，应当允许其申辩并在决定作出后及时送达，否则视为违反法定程序。同时，被告不仅没有执行退学处理决定，而且为原告补办学生证并注册的事实行为，应视为被告改变了对原告所作的按退学处理的决定，恢复了原告的学籍。被告又安排原告修满四年学业，参加考核、实习及毕业设计并通过论文答辩等。上述一系列行为虽系被告及其所属院系的部分教师具体实施，但因他们均属职务行为，故被告应承担上述行为所产生的法律后果。在解释什么是毕业证书和学位证书的基础上，认定被告应该给符合高校毕业生条件的原告颁发相当学历的毕业证书，并依照法定程序对达到一定学术水平或专业技术水平的人员授予相应的学位，颁发学位证书。① 再如，2014 年 12 月 25 日最高人民法院发布的《指导案例 39 号：何小强诉华中科技大学拒绝授予学位案》形成以下指导性的法官裁量解释：（1）具有学位授予权的高等学校，有权对学位申请人提出的学位授予申请进行审查并决定是否授予其学位。申请人对高等学校不授予其学位的决定不服提起行政诉讼的，人民法院应当依法受理。（2）高等学校依照《学位条例暂行实施办法》的有关规定，在学术自治范围内制定的授予学位的学术水平标准，以及据此标准作出的是否授予学位的决定，人民法院应予支持。② 在审理类似案件时，各级人民法院应当参照相关指导案例。指导案例的法律解释对后发生的类似案件具有约束力，与抽象司法解释有异曲同工之妙。

当然，采取何种形式转化“个案既判力”的法官裁量解释则是最高人民

---

① 最高人民法院网：《指导案例 38 号：田永诉北京科技大学拒绝颁发毕业证、学位证案》，载 http：//www.cout.gov.cn/shenpan-xiangqing-13222.html.，2014 年 12 月 25 日，最后访问时间：2016 年 6 月 20 日。

② 最高人民法院网：《指导案例 39 号：何小强诉华中科技大学拒绝授予学位案》，载 http：//www.cout.gov.cn/shenpan-xiangqing-13223.html.，2014 年 12 月 25 日，最后访问时间：2016 年 6 月 20 日。

法院的自由裁量权。

四、法官裁量解释与抽象司法解释的生存状态与优化

目前，我国抽象司法解释虽然解决了法律供应不足等问题，但是也造成了自身的膨胀发展，不仅饱受僭越立法解释和立法之批评，而且直接替代法官解释裁量的问题突出。法官裁量解释的生存状态堪忧，抽象司法解释也因过度膨胀而引发生存危机。因此，优化法官裁量解释与抽象司法解释的生存状态是当务之急。具体举措如下。

（一）加强法官解释的权威性

可以改革法院的审级制，实行四级三审或四审制。[①] 初审法院和二审法院可以对法律和事实进行全面审查，从而解放下级法院解释和适用法律的活力。同时，三审法院只对适用法律问题和程序问题进行审查，不对事实进行审查，四审法院对法律问题和程序问题可以进行裁量管辖，逐步消除下级法院要求“抽象司法解释的饥渴症”。

（二）减少“批复”等抽象司法解释，充分尊重下级法院的审判权

有人统计分析，“批复”类解释的使用频率远远高于“解释”类和“规定”类。最为典型的是新中国成立到1989年发布的“解释”类的司法解释仅仅有7件，但发布的“批复”类的司法解释则多达387件，是“解释”类的55倍。[②] 造成数量如此之多、比例如此之高的“批复”类司法解释的原因有很多。首先，依据法理或者法律解释理论就可以由案件审理法官或者合议庭进行解释

① 丰旭泽：《论通过司法程序制定公共政策——兼论最高人民法院司法解释模式的转型》，载《政治与法律》2015年第1期，第146页。

② 刘思萱：《论政策回应型司法解释》，载《法学评论（双月刊）》2013年第1期，第20页。

的不必要的“批复”就有很多。例如，1955年《最高人民法院关于在刑事判决中不宜援引宪法作论罪科刑的依据的批复》，依据法理，宪法是人权保障法，是限制国家权力的根本大法，因而，宪法不能作为论罪科刑的依据，无须最高人民法院作出“批复”就可以解决。再如，1988年《最高人民法院关于雇工合同“工伤概不负责”是否有效的批复》，依据法理和相关法律、法规的规定，雇工合同“工伤概不负责”条款是当然无效的，也无须最高人民法院作出“批复”。其次，“民商事问题”的解决多用“批复”类解释。[①]依据法理，民商事案件的解决原则是“有法律依法律，没有法律依习惯，没有习惯依法理”。审理案件的法官或者合议庭在没有法律规定时，有义务从当地的“习惯”或法理中发现适用本案的法律规范，而不是习惯性地寻求最高人民法院的“批复”。可见，可以采取措施避免不必要的“批复”类解释，逐渐减少和规范“批复”类解释的制定。“批复”类解释的规范可以采取以下改革措施：立法列举必须由最高人民法院进行“批复”的解释事项。除此之外，最高人民法院一般不得作出“批复”，主要通过审级制和法律审来解释法律和适用法律，让司法解释根植于判决、裁定之中。

第二节　抽象司法解释的法定类型

目前，我国司法解释形式的主要矛盾在于抽象司法解释过度膨胀，虽然抽象司法解释的法律授权或者全国人大常务委员会的授权一直没有间断，授权的内容和权限限制也在逐渐明晰，但是抽象司法解释形式的限制则没有在授权中有任何体现。这说明法律或全国人大常务委员会把抽象司法解释形式

① 刘思萱：《论政策回应型司法解释》，载《法学评论（双月刊）》2013年第1期，第20页。

的选择权概括授予最高人民法院和最高人民检察院。但是，这并不影响最高人民法院和最高人民检察院进行自我限制。

一、“两高”抽象司法解释形式的发展历程

1997年之前，最高人民法院和最高人民检察院的抽象司法解释的形式多样。最高人民法院有“解释”“批复”“规定”“决定”“安排”[①]“意见”[②]“纪要”[③]“通知”[④]“指示”[⑤]“函”[⑥]“复函”[⑦]“答复”[⑧]“解答”[⑨]“联合通知”[⑩]等多种形式。最高人民检察院的司法解释也有“解释”“批复”“规定”“决定”“规则”“意见”和“通知”等形式。然而，这些形式实际上并不都是具有外部普遍约束力的规范性文件，有很多是法院工作的内部规程。这就造成抽象司法

① 例如，《最高人民法院关于内地与香港特别行政区法院相互认可和执行当事人协议管辖的民商事案件判决的安排》（法释〔2008〕9号）。

② 例如，《最高人民法院、最高人民检察院、公安部关于办理非法集资刑事案件适用法律若干问题的意见》（公通字〔2014〕16号）。

③ 例如，《最高人民法院办公厅关于国家赔偿法实施中若干问题的座谈会纪要》（法办〔2012〕490号）。

④ 例如，《最高人民法院关于适用〈中华人民共和国侵权责任法〉若干问题的通知》（法发〔2010〕23号）。

⑤ 例如，《外交部、最高人民法院颁布“外人在华遗产继承问题处理原则”的指示》（发部欧54字第1689787号）。

⑥ 例如，《最高人民法院关于朝阳兴诺公司按照建设部颁发的行业标准〈复合载体夯扩桩设计规程〉设计、施工而实施标准中专利的行为是否构成侵犯专利权问题的函》（〔2008〕民三他字第4号）。

⑦ 例如，《最高人民法院关于交通银行香港分行与港云基业有限公司、云浮市人民政府等借款担保合同纠纷上诉一案〈承诺函〉是否构成担保问题的请示的复函》（〔2006〕民四他字第27号）。

⑧ 例如，《最高人民法院关于如何理解最高人民法院法发（2009）19号〈会议纪要〉若干问题的请示之答复》（〔2009〕民二他字第21号）。

⑨ 例如，《关于审理联营合同纠纷案件若干问题的解答》（法经发〔1990〕27号）。

⑩ 例如，《最高人民法院、中国人民银行关于人民法院查询和人民银行协助查询被执行人人民币银行结算账户开户银行名称的联合通知》（法发〔2010〕27号）。

解释与内部工作规程的杂糅，不利于抽象司法解释的健康、有序发展。为了解决这一问题，最高人民法院和最高人民检察院对抽象司法解释进行了规范。

从最高人民检察院来看，1996 年最高人民检察院的《司法解释工作暂行规定》规定，抽象司法解释形式有“解释”“规定”“意见”“通知”“批复”等形式。2006 年最高人民检察院的《司法解释工作规定》规定，抽象司法解释形式有“解释”“规定”“规则”“意见”“批复”等形式，删除了“通知”形式，增加了“规则”形式。2015 年最高人民检察院修改的《司法解释工作规定》规定，抽象司法解释形式有“解释”“规定”“规则”“批复”“决定”等形式，删除了“意见”形式，增加了“决定”形式。因此，当前，最高人民检察院抽象司法解释的法定形式主要有“解释”“规定”“规则”“批复”“决定”等形式。

从最高人民法院来看，1997 年《最高人民法院关于司法解释工作的若干规定》对司法解释的形式进行了限定，即抽象司法解释的形式只有“解释”“批复”“规定”三种。在这三种形式的基础上，2007 年《最高人民法院关于司法解释工作的规定》增加了第四种抽象司法解释形式——“决定”。

二、“两高”抽象司法解释的区别

经过比较，不难发现“两高”在抽象司法解释上的区别有：

首先，最高人民检察院的抽象司法解释形式规定采取的是非限定性的方式，如 2015 年的《最高人民检察院司法解释工作规定》规定，抽象司法解释的形式有解释、规定、规则、批复、决定“等形式”，并没有绝对排除其他形式的存在。而最高人民法院的规定则是采取限定性的方式，即只有“三种”或者“四种”。

其次，最高人民检察院与最高人民法院的抽象司法解释形式所对应的事项是基本相同的，不同的是最高人民检察院比最高人民法院的司法解释形式多一种。之所以最高人民检察院比最高人民法院的司法解释形式多一种，是因为在“对于如何应用某一法律或者对某一类案件、某一类问题如何适用法律所作的规定”上，最高人民法院只能用“解释”形式，而最高人民检察院还可以用“规则”形式。

最后，最高人民检察院的抽象司法解释形式不稳定，一直在不断地变化，而最高人民法院的抽象司法解释形式则是相对稳定的。

除上述不同外，最高人民检察院与最高人民法院的抽象司法解释形式基本相同。可见，最高人民检察院与最高人民法院的抽象司法解释形式逐渐趋同，这是多年磨合与发展的结果。

当然，抽象司法解释形式的种类应该是相同的。即使是细微的差别，也会招致专业人士的批评和非议，给抽象司法解释的适用带来不必要的麻烦。因此，最高人民检察院与最高人民法院的抽象司法解释形式也应该统一。

第三节　抽象司法解释的事实类型

抽象司法解释的事实类型是指虽不符合有关司法解释的规定但直接或者间接包含法定形式所规定的事项的解释形式。随着最高人民法院和最高人民检察院在抽象司法解释形式上自我限制的完善，法定的抽象司法解释形式越来越集中。这就意味着“答复”“通知”等形式不再是抽象司法解释的法定形式。但是，该如何为法定形式之外的“答复”“通知”等定性呢？在有关司法解释工作的规定施行之前的“纪要”“答复”等形式又该如何定性呢？

一、形式判定

依据法理，有关司法解释工作的规定施行之后，最高人民法院和最高人民检察院颁布的规范性文件只要不符合法定形式，就不是抽象司法解释。如果这些不符合法定形式的规范性文件直接或者间接包含法定形式所规定的事项，具有外部法律效力，它们就会成为事实上的抽象司法解释。例如，根据1997年《最高人民法院关于司法解释工作的若干规定》，最高人民法院在本规定施行以后，“通知”“纪要”等形式的规范性文件不能规定“解释”“规定”和“批复”所规定的事项，也不具有外部法律效力，一般只能是法院的内部工作规程。但是，如果“通知”“纪要”等非法定形式规定了“解释”“规定”和“批复”所规定的事项，直接或者间接具有外部法律效力，它们就是事实上的抽象司法解释，有待最高人民法院或者全国人民代表大会予以纠正。例如，《最高人民法院关于适用〈中华人民共和国侵权责任法〉若干问题的通知》（法发〔2010〕23号）明确规定了《侵权责任法》的适用范围，而且第4条规定：“人民法院适用侵权责任法审理民事纠纷案件，如受害人有被扶养人的，应当根据《最高人民法院关于审理人身损害赔偿案件适用法律若干问题的解释》第二十八条的规定，将被扶养人生活费计入残疾赔偿金或死亡赔偿金。”这一条直接变更《侵权责任法》第16条的规定，扩大受害人获得赔偿的范围，直接影响人们的权利义务，具有普遍适用的效力，直接具有外部法律效果，属于法定形式的解释事项。因此，《最高人民法院关于适用〈中华人民共和国侵权责任法〉若干问题的通知》（法发〔2010〕23号）是事实上的抽象司法解释。正是因为缺乏对抽象司法解释的事实形式的认识，人们才产生了此类规范性文件是不是司法解释的争论。[①]

---

① 胡岩：《司法解释的前生后世》，载《政法论坛》2015年第3期，第40页。

二、历史遗留问题

在有关司法解释工作的司法解释施行之前，最高人民法院和最高人民检察院颁布的规范性文件只要具有外部法律效力，原则上都应该是抽象司法解释。当然，随着时间的推移，最高人民法院和最高人民检察院通过“决定”形式已经废止了大量的司法解释。但是，没有废止的在有关司法解释工作的规定施行之前的具有外部法律效力的规范性文件，只要不与现行的法律、法规相冲突，不管形式如何都应该判定它们为抽象司法解释。这是因为有关司法解释工作的规定不能溯及既往，只能从实施之日起向后生效。例如，《关于审理联营合同纠纷案件若干问题的解答》（法经发〔1990〕27 号）虽然不符合抽象司法解释的法定形式，但是其发布和施行的时间是 1990 年，不受有关司法解释工作规定的约束，依然是抽象司法解释，其效力直至被宣布废止为止，或者与现行法律相冲突为止。

同理，1996 年至 2006 年最高人民检察院的“通知”类解释、2006 年至 2015 年的“意见”类解释从形式上可以判定为抽象司法解释。当然，最高人民检察院采取的是非限定性的列举方式规定抽象司法解释的法定形式，仅仅从形式上不能准确界分其是否为抽象司法解释。最高人民法院的规定则不存在这一问题。

第四节　司法解释形式与权限的关系

司法解释权限是司法解释的内容要素之一，司法解释形式则是司法解释要素的结构或者内容的表现方式。司法解释权限是司法解释形式存在的基础。相同的司法解释权限在不同的条件下可以采取不同的形式，同一种形式在不同条件下可以体现为不同的司法解释权限。因此，司法解释权限与司法解释形式是互相联系、互相制约的。

一、司法解释权限是司法解释形式的基础

司法解释权限是司法解释的核心内容。没有这个权限，司法解释就没有存在的基础。司法解释的内容决定司法解释的形式。故司法解释权限决定司法解释的形式。也就是说，有什么样的司法解释权限，就有什么样的司法解释形式。例如，普通法系和大陆法系的大多数国家只赋予法官裁量解释权，就决定了这些国家的司法解释形式为判例或指导案例。再如，我国不仅可以从宪法中推导出法官裁量解释权，而且法律或者全国人大常务委员会授权最高人民法院和最高人民检察院抽象司法解释权。法官裁量解释权的行使产生了最高人民法院发布的“公报”案例或者指导案例等形式（最高人民检察院也形成了一些指导案例）。抽象司法解释权的行使产生了最高人民法院的“解释”“规定”“批复”和“决定”形式的司法解释，以及最高人民检察院的“解释”“规则”“规定”“批复”和“决定”等形式的司法解释。因此，司法解释权是司法解释的基础，是司法解释形式的基础。

当然，司法解释形式并不是机械地与司法解释权相对应。也就是说，相同的司法解释权限在不同的条件下可以采取不同的形式，同一种形式在不同条件下可以体现为不同的司法解释权限。

二、司法解释权限与司法解释形式的对应性和非对应性

（一）对应性

在一般情况下，司法解释权限与司法解释形式是对应的。例如，法官裁

量解释权对应于判例或指导案例，不可能对应于“解释”“规定”“批复”“决定”等抽象形式。抽象司法解释权对应于“解释”“规定”“批复”“决定”等抽象形式，也几乎无可能对应于判例或指导案例。

（二）非对应性

首先，相同的司法解释权限在不同的条件下可以采取不同的形式。虽然都只享有法官裁量解释权，但是普通法系国家与大陆法系国家在是否承认习惯法和法官法上采取了截然相反的理论和路径。普通法系国家形成了承认习惯法和法官法的判例形式，而大陆法系国家（法国的行政法领域除外）形成了不承认习惯法和法官法的指导案例形式。之所以会在承认习惯法和法官法上有不同的态度，关键原因在于法官在资产阶级革命中的作用不同。

20 世纪 90 年代中期之前，我国最高人民法院和最高人民检察院的抽象司法解释可以采取多种多样的形式。为了规范抽象司法解释权，最高人民检察院和最高人民法院先后根据事项的不同，自我限定了抽象司法解释的形式。根据 2007 年《最高人民法院关于司法解释工作的规定》，最高人民法院的抽象司法解释权对应以下几种形式：（1）对在审判工作中如何具体应用某一法律或者对某一类案件、某一类问题如何应用法律制定的司法解释，采用“解释”的形式。（2）根据立法精神对审判工作中需要制定的规范、意见等司法解释，采用“规定”的形式。（3）对高级人民法院、解放军军事法院就审判工作中具体应用法律问题的请示制定的司法解释，采用“批复”的形式。（4）修改或者废止司法解释，采用“决定”的形式。2015 年《最高人民检察院司法解释工作规定》与 2007 年《最高人民法院关于司法解释工作的规定》大致相同。

其次，同一种形式在不同条件下可以体现为不同的司法解释权限。这种情况只能产生于存在多种类型司法解释权限的国家。因此，只存在法官裁量解释权的普通法系和大陆法系国家就没有上述可能。然而，这种情况则可能发生在我国。这是因为我国存在法官裁量解释权和抽象司法解释权。

在我国，“批复”类解释在一些情况下同时体现为法官裁量解释权和抽象司法解释权，在特定条件下仅体现为法官裁量解释权。“批复”类解释是以高级人民法院的“请示”为基础的。在有的“请示”中，审理案件的法官、合议庭或下级法院的审判委员已经运用法官裁量解释权对法律进行了解释，只是有争议或不确定。最高人民法院作出的“批复”中，有的是从“请示”的解释争议中选择一种解释①，有的是否定下级法院的解释，并给出自己的解释②。在特殊情况下，最高人民法院只是在“答复”中肯定下级法院的解释，

---

① 例如，1984年8月24日广西壮族自治区高级人民法院的《关于吴天爵等与新宾镇集体饮食服务店房产纠纷案处理意见的请示报告》：“对争讼房屋产权的认定，有如下意见：一、……原建房屋应属于双方共同所有，各占一半产权。调解解决由吴家将产权部分折价归饮食店所有。二、……因此，房屋产权不应由吴家所有；但当时搭盖木皮房屋及黄家改造时均系用原来被飞机炸毁房屋剩下的砖块，因此，应承认原砖块是属于吴家的。三、承认宅基地原属于吴家所有，但新宪法已宣布城镇所有土地属国家所有，因此，该宅基地产权已归国家。……所以房屋产权应属饮食服务店，由该店补给吴家的砖钱。我院本着第一点意见精神于今年5月28日裁定中止原判决执行，并于6月到当地试行调解，饮食店可以接受房屋产权属于双方共同所有，各占一半的意见。并要求以1500元价格买下吴家产权部分。而且对原属吴家所有的砖块予以折价补偿。可是吴家仍然坚持房屋产权完全属其所有，店方可将其店面材料拆走，拒绝调解。鉴于本案情况复杂，政策性强，特此请示。”1985年3月15日最高人民法院作出的《关于吴天爵等与新宾镇集体饮食服务店房产纠纷案的批复》从“请示”的3种意见中选择了第1种意见：“根据报告的材料，经研究我们认为，你院第一种意见，即将此房作为吴天爵等与新宾镇集体饮食服务店双方共有较为妥当。希望你院在确认共有和保护双方合法权益的基础上，从有利于团结，有利于生产出发，多做各方工作，争取调解解决。”

② 例如，1977年3月10日《关于公诉案件被害人家属是否有权上诉问题的请示》（豫发办字〔1977〕第3号）：“现在，检察院已不存在，怎么办？我们意见，被害人家属要求上诉者，上级法院应予受理。妥否，请批示。”1977年4月5日的《最高人民法院关于公诉案件被害人家属是否有权上诉问题的批复》否定了上述“请示”的解释，并解释道：“我们认为，根据宪法关于检察机关的职权由各级公安机关行使的规定，公诉案件被害人家属可在上诉期限内向提起公诉的公安机关提供不服的理由和意见，由该公安机关考虑是否有必要对判决提出意见。”

没有行使抽象司法解释权，仅体现法官裁量解释权。①

三、司法解释权限与司法解释形式的相互影响

在我国，抽象司法解释权不断膨胀，法官裁量解释权没有得到应有的重视和发展，抽象司法解释权替代法官裁量解释权的趋势不断深化。抽象司法解释权的过度膨胀，使“解释”类、“规定”类和“批复”类司法解释形式越来越多，尤其表现在“解释”类、“规定”类的司法解释上，司法解释的抽象化和条文化倾向明显。在实践中，有的“解释”类、“规定”类司法解释的内容过于抽象，缺乏具体解释对象，被学者称为“放空炮”“无的放矢”；有的“解释”类司法解释过于追求体系化、条文化。例如，2013 年 1 月 1 日施行的《最高人民法院关于适用〈中华人民共和国刑事诉讼法〉的解释》达 548 条，2015 年 2 月 4 日施行的《最高人民法院关于适用〈中华人民共和国民事诉讼法〉的解释》达 552 条，《解释》的条文分别是法典条文的 2 倍左右。②“解释”类司法解释对某一法律作系统解释，许多内容并非解释，而是创制规则。新中国成立后相当长的一个时期内，法律馈乏，改革开放后法律

---

① 例如，1986 年 9 月 4 日的《上海市高级人民法院关于钱伯春能否继承和尚钱定安遗产的请示报告》（〔86〕沪高民他字第 4 号）：“我院民庭有两种意见。一种意见：应遵照国家宗教政策，和尚的生养死葬均由寺庙负责，与家庭已无权利义务关系。因此和尚的遗产应归寺庙所有。另一种意见：继承法对此没有特别规定，和尚的继承人依法应有继承权。我院审委会意见：我国宪法、民法通则和继承法都规定，保护公民的私有财产的继承权。继承法对和尚遗产的继承无例外规定，因此和尚的继承人依法可以继承。因涉及宗教政策，为慎重处理，特报告你院，请批示。”1987 年 10 月 16 日的《最高人民法院关于钱伯春能否继承和尚钱定安遗产的电话答复》（〔1986〕民他字第 63 号）肯定了高级人民法院审判委员会的解释：“经研究认为：1. 我国现行法律对和尚个人遗产的继承问题并无例外的规定，因而，对作为公民的和尚，在其死后，其有继承权的亲属继承其遗产的权利尚不能否定；2. 鉴于本案的具体情况，同意对和尚钱定安个人遗款的继承纠纷，由受理本案的法院在原、被告双方之间作调解处理。请你院按照我院审判委员会的上述意见办理。对你院的请示报告不再作文字批复。”

② 2012 年修正的《刑事诉讼法》共 290 条，2012 年修正的《民事诉讼法》共 284 条。

的供给不能满足经济社会快速发展的需要，客观上不得不以抽象而体系化的司法解释来满足审判工作的需要，这在过去是理所当然的。然而，随着社会主义法律体系的日臻完善，这种过分追求全面性、体系化的司法解释就显得有些越俎代庖了。[①]

因此，司法解释要避免立法倾向和体系化倾向，避免越位和越权。司法解释权的限缩必然会引起司法解释形式的变化。首先，抽象司法解释权回归本位，即与具体案件保持亲密性，加强具体解释、个案性解释，如采取批复等形式；随着相关规定的修改，对整部法律的全文性的、抽象性的解释将逐渐减少。其次，通过指导案例制度[②]，激活法官裁量解释权，指导案例将逐渐成为司法解释的主阵地，司法解释的形式将以抽象解释形式为主改为以指导案例为核心的具体解释形式为主。[③]法官裁量解释权的激活，可以通过改革审级制，设置专司法律审的法院。具体措施为：（1）激活初审法院的法官裁量解释权；（2）提高法律解释和适用的终审法院级别，增加法官裁量解释权的权威性；（3）设置最高人民法院为法律审的裁量管辖法院。这样，逐渐实现在有效审级制和审判程序中解释法律，创造规则的目的。这样，案例质量将会大大提高，指导案例的遴选或者产生也就不会成为问题了。

表面上，司法解释形式的转变限制了最高人民法院的司法解释权，尤其是限制了抽象司法解释权。实际上，司法解释形式的转变，不仅激活了各级法院和法官的法律解释的活力与积极性，而且在此基础上，最高人民法院可以在具体案件中终局性地确定法律解释的效力，这可以使法律解释在审判程

---

① 胡伟新等:《中国司法解释制度的发展与完善》，载《法律适用》2014年第12期，第33页。

② 2010年的《最高人民法院关于案例指导工作的规定》第7条规定:“最高人民法院发布的指导性案例，各级人民法院审判类似案件时应当参照。”这一规定表明，指导案例至少是一种非正式法律渊源，指导案例转变了司法解释的形式。

③ 胡岩:《司法解释的前生后世》，载《政法论坛》2015年第3期，第49—50页。

序中真正实现“自下而上”从而成为“集体智慧”的结晶，提高法律解释的“接地气”能力，进而提高最高人民法院、各级法院和法官司法解释的权威和可信度，最终提高司法解释权的实效。

第七章

司法解释的程序

司法解释的程序是指司法解释从立项到发布直至废止的一系列工作程序。完备科学的程序设计，是确保司法解释本身质量和实效的重要方式。根据《最高人民法院关于司法解释工作的若干规定》的相关内容，司法解释的制定工作，要经过立项、起草与报送、讨论、发布、施行以及备案、编纂、修改、废止等程序。

第一节　司法解释的程序概述

一、立项

（一）年度立项和临时立项

“两高”都规定，制定司法解释，应当立项。立项是启动司法解释工作的第一道程序。根据“两高”的规定，司法解释立项是司法解释起草的必经程序，由审判委员会或者检察委员会决定。“两高”每年都会分别制定司法解释立项计划并予以公布。就最高人民法院而言，司法解释立项分为年度立项和临时立项两种。司法解释年度立项是指对最高人民法院各审判业务部门拟制定“解释”“规定”类司法解释，应当于每年年底前提出下一年度的立项建议送研究室，由研究室汇总立项建议，草拟司法解释年度立项计划，经分管院领导审批后提交审判委员会讨论决定。司法解释临时立项是指，因特殊情况，需要增加或者调整司法解释立项的，有关部门提出建议，由研究室报分管院领导审批后报常务副院长或者院长决定。自2007年以来，最高人民法院已经连续十一年颁布司法解释立项计划。每年列入司法解释计划的立项大约在30件，每年最高人民法院出台的司法解释大约在20件。每年临时立项的数量也不少，占当年出台解释数量的比例相当高。

（二）立项来源

最高人民法院一直坚持开放式司法解释来源做法，不仅包括最高人民法院的立项建议，还包括地方各级人民法院、立法机关、行政机关、社会团体、其他组织甚至公民个人提出的司法解释立项建议。最高人民法院制定司法解释的立项来源包括：

1. 最高人民法院审判委员会提出制定司法解释的要求。

2. 最高人民法院各审判业务部门提出制定司法解释的建议。

3. 各高级人民法院、解放军军事法院提出制定司法解释的建议或者对法律应用问题的请示。

4. 全国人大代表、全国政协委员提出制定司法解释的议案、提案。

5. 有关国家机关、社会团体或者其他组织以及公民提出制定司法解释的建议。

6. 最高人民法院认为需要制定司法解释的其他情形。

基层人民法院和中级人民法院在审判过程中发现法律应用问题需要制定司法解释的，应当层报高级人民法院，由高级人民法院审查决定是否向最高人民法院提出制定司法解释的建议或者对法律应用问题进行请示。

（三）立项计划内容

司法解释立项计划应当包括以下内容：立项来源，立项的必要性，需要解释的主要事项，司法解释起草计划，承办部门以及其他必要事项。

每年都有一定数量的由“两高”共同起草的司法解释，在立项时先经双方沟通，然后“两高”分别立项。

二、起草与报送

起草工作是司法解释制定的最基本工作。起草工作具体包括起草组织、调查研究、征求意见、审核、报送等几个环节。

（一）起草组织

如果单独由最高人民法院或者最高人民检察院起草，具体由哪个部门或者哪些人员承担起草任务，就属于“两高”内部职责分工的问题。但“两高”规定相差很大，最高人民检察院规定只能是政策法律研究室承担司法解释起草任务，征求其他各部门的意见即可，形成了归口起草司法解释的制度。最高人民法院内部司法解释起草任务分配得比较复杂。按最高人民法院的规定，司法解释起草工作由最高人民法院各审判业务部门负责。涉及不同审判业务部门职能范围的综合性司法解释，由最高人民法院研究室负责起草或者组织、协调相关部门起草。

（二）调查研究

起草司法解释，应当深入调查研究。调查研究是起草司法解释最重要的基本工作。起草司法解释，要深入法院工作一线，坚持问题导向，认真总结审判实践经验，广泛听取各方面的意见，才能做到司法解释针对问题，解决方案合法有效、切实可行，能够取得法律效果、社会效果的有机统一。司法解释报送审委会讨论时要提交的材料中有调研报告一项。

（三）征求意见

司法解释征求意见程序是指将起草出来的司法解释草案，送相关部门和有关人员以听取修改意见的程序。这也是司法解释起草中必须有的程序。通常情况下，“两高”起草的司法解释，首先，要征求本系统内部的意见，尤其是地方法院和地方检察院的意见。其次，要征求解释内容涉及的各国家机关、行业、社会团体等各方面的意见，充分听取相关利益方的意见和建议。最后，征求专家学者的意见。务求司法解释符合法理，具有理论上的妥当性。重点是征求各法律共同体的意见，统一法律见解，形成法治共识，确保统一执行。

在特别情况下，要向全社会公开征求意见。根据最高人民法院的规定，涉及人民群众切身利益或者重大疑难问题的司法解释，经分管院领导和常务副院长批准，可以向社会公开征求意见。完善司法解释征求意见机制，运用网络新媒体广泛听取社会各界的意见和建议，特别是要更加注重听取人大代表、政协委员、特邀咨询员、特约监督员、专家学者、法官、检察官、律师的意见。司法解释送审稿讨论前的关键程序是事先征求立法机关的意见。一般是在形成送审稿之后，将司法解释送审稿送全国人民代表大会相关专门委员会或者全国人民代表大会常务委员会相关工作部门征求意见。征求全国人民代表大会相关专门委员会或者全国人民代表大会常务委员会相关工作部门意见是司法解释制定的必经环节，未经该环节的，审委会和检委会不讨论司法解释送审稿。如果解释稿与立法机关的意见不一致的，要在审委会或者检委会上进行重点审议。

（四）审核

最高人民法院规定，司法解释送审稿在提交审判委员会讨论前，起草部门应当将送审稿及其说明送司法解释管理部门进行审核。报送审核的材料包括：司法解释送审稿及其说明、立项计划、调研情况报告、征求意见情况、分管副院长对是否送审的审查意见、主要争议问题和相关法律、法规、司法解释以及其他相关材料。司法解释审核主要是形式审核，也包括一定程度的内容审查。司法解释主要审核以下内容：

1. 是否符合宪法、法律规定。

2. 是否超出司法解释权限。

3. 是否与相关司法解释重复、冲突。

4. 是否按照规定程序进行。

5. 提交的材料是否符合要求。

6. 是否充分、客观反映有关方面的主要意见。

7. 主要争议问题与解决方案是否明确。

8. 其他应当审核的内容。

对司法解释送审稿审核形成草案后，由起草部门报分管院领导和常务副院长审批后提交审判委员会讨论。

三、讨论

司法解释需经最高人民法院审判委员会讨论。最高人民法院审判委员会应当在司法解释草案报送之次日起三个月内进行讨论。逾期未讨论的，审判委员会办公室可以报常务副院长批准延长。司法解释草案经审判委员会讨论通过的，由院长或者常务副院长签发。司法解释草案经审判委员会讨论原则通过的，由起草部门会同研究室根据审判委员会讨论决定进行修改，报分管副院长审核后，由院长或者常务副院长签发。

审判委员会讨论认为制定司法解释的条件尚不成熟的，可以决定进一步论证、暂缓讨论或撤销立项。

四、发布、施行与备案

司法解释以最高人民法院或者最高人民检察院公告形式发布。最高人民法院的司法解释应当在《最高人民法院公报》和《人民法院报》上刊登，并印发各高级人民法院、解放军军事法院、新疆维吾尔自治区高级人民法院生产建设兵团分院。司法解释自公告发布之日起施行，但司法解释另有规定的除外。

司法解释应当自发布之日起三十日内报全国人民代表大会常务委员会备案。备案报送工作由办公厅负责，其他相关工作由研究室负责。

司法解释施行后，人民法院作为裁判依据的，应当在司法文书中援引。根据《立法法》《人民法院组织法》《最高人民法院关于裁判文书引用法律、法规等规范性法律文件的规定》(法释〔2009〕14号)等法律、司法解释的规定，各级人民法院在裁判文书中应当援引司法解释作为裁判依据。人民法院同时引用法律和司法解释作为裁判依据的，应当先援引法律，后援引司法解释。

最高人民法院对地方各级人民法院和专门人民法院在审判工作中适用司法解释的情况进行监督。上级人民法院对下级人民法院在审判工作中适用司法解释的情况进行监督。

五、编纂、修改、废止

司法解释的编纂由审判委员会决定，具体工作由研究室负责，各审判业务部门参加。

司法解释需要修改、废止的，参照司法解释制定程序的相关规定办理，由审判委员会讨论决定。

第二节　当前司法解释工作程序中存在的主要问题

应该说，在最高人民法院出台《最高人民法院关于司法解释工作的规定》（法发〔2007〕12号）之后，司法解释工作程序，尤其是起草程序逐渐走向规范化、制度化的道路，但仍然存在不少问题，这在一定程度上影响了司法解释的质量，主要表现在以下几个方面。

一、司法解释的启动程序方面

在实践中，一些司法解释仍存在“两高”与行政机关联合解释的问题。行政机关没有司法解释权，其参与司法解释多出于部门工作需要，实质是借助司法手段实现行政管理合法化目的，其后果不仅造成司法解释主体的实际扩散，而且容易造成司法权与行政权的混淆，不利于树立司法公信力。同时，司法解释的启动还存在一定的随意性，往往为应急而临时启动，缺乏或没有执行立项、论证、审核、备案等程序，尤其是在配合各类专项整顿和治理活动中更为明显，影响了司法解释的质量，损害了法律的稳定性和法治的权威性。[①] 每年都较为普遍地发生突然临时立项的情形，导致本应常态化的年度立项工作程序的价值大打折扣。因为年度立项工作要经过院审判委员会讨论，且是对整个年度的司法解释工作进行系统化的平衡安排，临时立项过多，势必会破坏司法解释工作的整体计划，往往也会因为缺乏与其他部门的沟通协

① 胡伟新等：《中国司法解释制度的发展与完善》，载《法律适用》2014年第12期，第32页。

调，甚至出现司法解释打架，影响法律统一适用的问题。同时，在司法解释起草过程中存在各部门之间竞相起草或者相互推诿、沟通不畅的问题。特别是争相起草的问题，有的部门甚至在没有调研论证的基础上就抢先立项，导致司法解释无法按照立项计划完成，甚至推迟几年也无法完成。

二、司法解释的起草主体方面

地方法院起草司法解释性质文件的现象依然存在。地方法院针对某类案件制定相应的裁判规则对于统一当地相关案件的裁判尺度有一定的积极作用，且确实也存在着现实需求。但我国幅员辽阔，各地均起草自己的法律适用规则，势必会引发同一法律不同适用，同案不同判，影响司法权威，破坏法律统一适用的大问题。因此，最高人民法院、最高人民检察院于2012年联合发布《关于地方人民法院、人民检察院不得制定司法解释性质文件的通知》，明确要求："根据全国人大常委会《关于加强法律解释工作的决议》的有关规定，人民法院在审判工作中具体应用法律的问题，由最高人民法院作出解释；人民检察院在检察工作中具体应用法律的问题，由最高人民检察院作出解释。自本通知下发之日起，地方人民法院、人民检察院一律不得制定在本辖区普遍适用的、涉及具体应用法律问题的'指导意见'、'规定'等司法解释性质文件，制定的其他规范性文件不得在法律文书中援引。"该文件发布后，一定程度上遏制了地方法院、检察院制定司法解释性文件的势头，但目前部分地方法院、检察院对适用这一规定存在认识不够甚至排斥的问题，或直接制定或改头换面制定司法解释性质文件的现象仍然存在，这对司法解释的起草工作乃至法律适用的统一都是一个挑战，亟须有效应对。

三、司法解释的起草程序方面

目前，在此方面反映较为突出的有以下几个问题：一是司法解释起草的权限分工不清，一定程度上引发了部门之间竞相起草司法解释的问题。二是司法解释起草部门多还是采取承办人负责制的做法，每一个司法解释最终落到一个具体的承办人身上，且对于承办人的资质条件并没有要求。三是司法解释论证过程不够深入，尤其是条文拟定的总体设计的问题导向存在欠缺，对于是否能够有效满足当前司法需求缺乏有效的评估。四是在向各地方法院及外单位征求意见过程中，他们也多是只就已经拟定的条文提出意见，或多或少存在回复意见针对性差、主观上不够重视甚至应付的问题，一定程度上影响了司法解释的质量和实效，甚至不少司法解释在起草过程中没人提意见，结果一旦实施后，又提出了一系列问题和建议。司法解释起草时对比较法和典型案例的研究也在一定程度上存在欠缺，各单位回复意见缺乏针对性论证，有的对立法机关回复意见都不够重视，甚至个别还存在曲解立法机关意见的情形，这些都会影响司法解释本身的质量。

四、司法解释的审核方面

司法解释的审核对于保证司法解释的质量具有重要意义，尤其是对与其他司法解释条文甚至立法是否冲突，是一个很好的把关程序，但目前司法解释审核程序很大程度上存在“形式化”“走过场”的问题。比如，《最高人民法院关于司法解释工作的规定》明确规定，司法解释在提交审委会讨论前必须送研究室审核，审核期限为1个月，这是确保司法解释审核乃至司法解释本身质量的重要保障，但实践中好多部门都是在快上会讨论时再送研究室紧急审核，时间紧迫，甚至还存在个别司法解释没有经过研究室审核就提交审委会讨论的情形。另外，研究室进行司法解释审核的人员虽基本能够对于该司法解释的相关业务相对熟悉，但其前期基本上没有参与该司法解释的起草论证过程，对于条文设计的背景、目的甚至是适用等问题不够了解，这也在一定程度上影响审核把关的质量。

五、司法解释的清理、编纂方面

目前，我国司法解释编纂工作尚处于初级阶段，“重起草，轻编纂”“重汇编，轻编纂”的倾向明显，同时，对司法解释清理工作的重视程度也不够。如前文所述，在社会主义法律体系建成之后，最高人民法院紧锣密鼓进行了司法解释的集中清理，并取得良好效果。但司法解释的编纂工作却迟迟未得以启动，就是对清理过程中确定需要修改的 130 多件司法解释的修改工作进展也比较缓慢。而且目前也没有系统完备的司法解释编纂工作规则。虽然《最高人民法院关于司法解释工作的规定》明确规定，司法解释的编纂由审判委员会决定，具体工作由研究室负责，各审判业务部门参加，但对于启动司法编纂的理由以及如何启动，编纂工作的具体工作程序，司法解释编纂的最终成果形式等都没有明确的规定。

第三节 完善司法解释工作程序的建议

司法解释程序的规范化，对于提高司法解释质量和实效具有重要意义。针对前述问题，结合最高人民法院司法解释工作程序的做法和经验等，对于完善司法解释工作程序提出如下建议。

一、完善司法解释的启动机制和程序

一是加强司法解释立项工作，确保立项工作的科学性、可行性以及针对性。进一步将司法解释立项工作落到实处，做到只有审判工作中遇到的具体适用法律问题，才能列入司法解释规划。真正发挥年度立项的常态化、临时立项的补充性作用，切实减少临时立项的数量，同时在立项时要对该司法解释起草的必要性作深入论证。二是严格控制抽象性司法解释的立项来源。在立项来源上，最高司法机关应主要以司法工作中遇到的具体应用法律问题及社会各界提出的具体司法问题为立项来源，逐步取消没有明确立项来源以及对整部法律进行系统解释的做法。三是对法律没有涉及的问题，根据“先有法律，再有司法解释”的要求，不得进行司法解释，[①] 厘清立法解释与司法解释之间的界限，避免司法解释给人以越权解释之嫌。四是处理好司法解释与立法解释的关系。不属于司法解释制定权限的，建议由全国人大常委会作出立法解释来解决问题。

二、明确司法解释的主体必须为“两高”

不仅其他任何行政机关、社会团体无权制定司法解释，即便是地方司法机关也无权制定、发布司法解释或者司法解释性质文件。要坚决贯彻“两高”《关于地方人民法院、人民检察院不得制定司法解释性质文件的通知》要求，地方人民法院、人民检察院一律不得制定在本辖区普遍适用的、涉及具体应用法律问题的“指导意见”“规定”等司法解释性质的文件，制定的其他规范性文件不得在法律文书中予以援引。要及时要求地方人民法院、

---

① 胡伟新等：《中国司法解释制度的发展与完善》，载《法律适用》2014年第12期，第33页。

人民检察院对于制定的带有司法解释性质的文件自行清理。凡是与法律、法规及司法解释的规定相抵触以及不适应经济社会发展要求的司法解释性质文件，均应当予以废止；对于司法实践中迫切需要、符合法律精神又无相应司法解释规定的，认为需要制定司法解释的，按照2007年《最高人民法院关于司法解释工作的规定》和2016年《最高人民检察院司法解释工作规定》的要求，通过高级人民法院、省级人民检察院向最高人民法院、最高人民检察院提出制定司法解释的建议或者对法律应用问题进行请示。

三、提高司法解释质量

完善司法解释起草程序，进一步提高司法解释质量。司法解释程序属司法程序，但又具有一定的“立法程序”性质。作为司法权的行使方式，司法解释固然属于司法活动，但由于司法机关所制定的司法解释也是法律渊源的一种，所以这实质上也是一种立法活动，与英美国家的“法官造法”有相似之处。[①] 因此，司法解释的起草具有准立法性质，是一项十分严肃和神圣的事业。进一步提升司法解释质量，应从司法解释的调研、论证、起草、征求意见、修改、讨论决定等环节做起，做到严格控制数量，切实提高质量。具体来说，一是有必要对司法解释承办起草规则进行探索改革，对具体承办人资质要有相应要求，原则上应当具有一定年限的案件审判或者司法调研工作经验，对于相关业务较为熟悉等；同时有必要探索由资深法官团队组成的司法解释起草专项小组来专门从事某一司法解释的起草工作，这一团队可以打破庭室的条块结构，必要时可以吸收其他法律专家等参与，从而在“人”这一起草主体上做足功课。二是加强司法解释的调研论证工作，对重大的或意见分歧较大的司法解释，应当通过听证会、座谈会、网上征求意见等形式，

① 蒋惠岭:《论司法解释的程序》，载《行政法研究》1995年第2期，第40页。

广泛听取各方面意见，以增强司法解释的透明度、民主性和科学性，确保司法解释质量。对于回复意见要充分讨论，尤其是对立法机关的意见更要高度重视，深入论证。三是加强司法解释组织协调机构建设，统一由其负责司法解释的立项、审核、备案、清理等工作，加强司法解释的内部监督，避免司法解释重复甚至冲突现象，使司法解释的清理工作制度化，维护司法解释的协调统一。[①] 四是对于各高院回复意见，适当延长回复意见期限，明确回复意见不限于条文文本内容，要求其必须向本辖区法院征集对条文的意见以及其他问题或建议，探索有关回复意见的绩效考评机制，以增强回复意见的针对性、有效性，将问题消灭在起草工作之中。

四、从严做好司法解释审核工作

如前文所述，司法解释审核是确保司法解释质量的重要关口。一方面，司法解释起草部门应高度重视审核工作，明确审核工作不仅是对司法解释起草工作的一种监督方式，更是反向提供司法解释质量的助推器。起草部门对于要送交审核的司法解释应注意给审核部门留足时间，并严格按照《最高人民法院关于司法解释工作的规定》的要求，报分管副院长同意后，向审核部门提供充分的材料。另一方面，审核部门要真正将审核工作落到实处，对司法解释条文进行切实研究，积极与起草部门沟通，探索审核部门和人员提前介入司法解释起草工作的新机制，做到对司法解释主要解决的问题、争点以及有关方面的意见心中有数，未雨绸缪，确保审核工作的有效性和针对性。

---

① 胡伟新等:《中国司法解释制度的发展与完善》，载《法律适用》2014 年第 12 期，第 33 页。

五、建立司法解释编纂和清理工作的长效机制

要真正从思想上高度重视司法解释编纂和清理工作，逐步形成司法解释编纂和清理工作的长效机制。司法解释编纂是在对现有司法解释进行系统梳理的基础上所进行的新“废改立”的过程，其本质上也是在起草司法解释，甚至是更高层次的司法解释起草工作。而司法解释清理工作是司法解释编纂的基础，也是保障司法解释实效性，避免相互冲突的重要方式。要在深入调研、探索借鉴的基础上，制定具体细致的司法解释编纂和司法解释清理的规则制度，对司法解释编纂和清理的启动、职能部门、具体工作程序、征求意见、成果形式、工作绩效等作出明确规定，从而确保司法解释编纂和清理工作有据可依、有章可循。

第八章

司法解释的效力

司法解释效力问题是一个“剪不断、理还乱”的问题。最高人民法院1997年和2007年两个关于司法解释的规定均规定，“司法解释具有法律效力”。但这一规定并没有解决司法解释的效力问题。首先，这一规定仍然属于司法解释范畴，而由司法解释规定司法解释的效力似乎不妥，[①]法律层面对司法解释的效力却没有作任何规定。其次，强调司法解释具有“法律效力”是指司法解释具有法律的效力，还是仅仅说明司法解释是具有法律效力的文件也不无疑问，如果是前者，那么司法解释与法律的关系究竟应如何界定。而说到司法解释与法律的关系，又不可避免地涉及制定司法解释的权力来源这个始终众说纷纭的问题。本章将在梳理现行法律规定的基础上，对司法解释的权力作进一步的分析；而后在这一分析的基础上，通过界定法律和司法解释之间的关系来分析司法解释的效力，并就如何维护司法解释的效力提出建议。

第一节　司法解释权力的来源

从前文最高人民法院司法解释产生和变迁的发展历程可知，随着我国立法活动规范化程度的提高和立法法治化进程的推进，司法解释的合法性问题

① 参见王成：《最高法院司法解释效力研究》，载《中外法学》2016年第1期，第263页。

渐渐凸显，尽管不可否认司法解释在过去直至现在始终在扮演着重要的角色，但从法治视角审视，其在现行法上的依据问题，不能因其具有实际且积极的作用就忽略不计。特别是权力来源问题是效力问题的前提，司法解释的效力应当建立在合法有效的基础上，即司法解释主体的司法解释权力应有法可依；而根据现有法律规定，司法解释主体本无制定司法解释的权力，随之引发的问题就是司法解释主体作出的司法解释效力如何，效力问题因此就成为无源之水、无本之木。

一、司法解释权的法律依据

司法解释权力来源指的是司法解释主体行使司法解释权力的依据。学界很多文章对此都进行了总结和分析，[①]但这些总结和分析大多缺乏一种历史的视角，忽视了文本规定的特定语境，仅仅是对规定的简单列举，结论似乎也是同一规定在不同时期、不同法律文件中的反复。但实际上，法律文本的语境是我们理解司法解释权力问题，继而理解司法解释效力问题所不可忽视和逾越的背景和前提。

我国宪法及宪法修正案均没有关于司法解释权力的规定，目前，最早在法律文本中规定司法解释权力的是1955年全国人大常委会《关于解释法律问题的决议》（以下简称1955年的《决议》）第2条的规定，即“凡关于审判过程中如何具体应用法律、法令的问题，由最高人民法院审判委员会进行解释”。1981年全国人大常委会再次作出《关于加强法律解释工作的决议》（以下简称1981年的《决议》），其中第2条规定：“凡属于法院审判工作中具体

① 例如，周道鸾:《论司法解释及其规范化》，载《中国法学》1994年第1期，第87页；张志铭:《关于中国法律解释体制的思考》，载《中国社会科学》1997年第2期，第100—114页；王成:《最高法院司法解释效力研究》，载《中外法学》2016年第1期，第263—279页；等等。

应用法律、法令的问题，由最高人民法院进行解释。凡属于检察院检察工作中具体应用法律、法令的问题，由最高人民检察院进行解释。最高人民法院和最高人民检察院的解释如果有原则性的分歧，报请全国人民代表大会常务委员会解释或决定。”较之1955年的《决议》，1981年的《决议》增加了最高人民检察院司法解释的权力，同时将作出解释的主体，由最高人民法院审判委员会改为最高人民法院。对于司法解释的范围，两份《决议》表述基本一致，即对“具体应用法律、法令问题”进行解释，而这一表述也与1979年制定并经多次修改的《人民法院组织法》、2007年制定的《各级人民代表大会常务委员会监督法》的规定基本一致。同时，无论1955年的《决议》还是1981年的《决议》均在第1条规定了“凡关于法律、法令条文本身需要进一步明确界限或作补充规定的，由全国人民代表大会常务委员会分别进行解释或用法令加以规定”。这两条规定既被视为最高人民法院制定司法解释的依据，也被视为对司法解释权力的限制。[①]

但是，如果我们置身于1955年和1981年制定这两个《决议》的背景中来考察这两条规定，我们可以发现，限制最高人民法院司法机关司法解释的权力，显然不是这两份《决议》考虑的问题。1981年的《决议》一开始就指出，“第五届全国人民代表大会第二次会议通过几个法律以来，各地、各部门不断提出一些法律问题要求解释。同时，在实际工作中，由于对某些法律条文的理解不一致，也影响了法律的正确实施。为了健全社会主义法制，必须加强立法和法律解释工作”。而在对该决议草案的说明中，时任全国人大常委会法制委员会副主任的王汉斌指出：

第五届全国人民代表大会第二次会议通过几个法律以来，各地、各部门不断提出一些法律问题要求解释。同时，在整顿社会治安工作中，由于对某些

① 参见王成：《最高法院司法解释效力研究》，载《中外法学》2016年第1期，第268页。

法律条文理解不一致或者不准确，也影响了法律的正确实施，发生一些该捕不捕，该判不判或者重罪轻判的现象，不利于加强同现行刑事犯罪活动进行斗争。……这些情况说明，加强法律解释工作，对于正确执行法律，健全社会主义法制，具有重要的作用。对这个问题，1955 年 6 月全国人大常委会曾通过《关于解释法律问题的决议》，同年 7 月彭真同志在向第一届全国人大二次会议所作的关于全国人大常委会的工作报告中，又对这个问题作了说明。现在提请全国人大常委会审议的《决议》(草案)，除了重申 1955 年《决议》的规定外，并根据新的情况，做了一些补充。规定对法律、法规的解释，要根据不同情况，分别由全国人大常委会、最高人民法院、最高人民检察院，国务院和各主管部门，以及各省、自治区、直辖市人大常委会和人民政府主管部门负责。①

可见，无论是 1955 年的《决议》还是 1981 年的《决议》，其主要目的均在于将法律解释的权力集中到中央，保证中央政令的统一，避免因地方曲解法律，影响中央制定的法律的实施，导致该追诉犯罪的没有得到追诉，而这显然不利于维护党的十一届三中全会后以经济建设为中心所需要的稳定的社会环境；同时也出于强化中央权威的考虑，《决议》不允许地方机关对法律进行解释，只能对其制定的地方性法规进行解释。至于中央层面，由于传统上全国人大常委会、最高人民法院、最高人民检察院、国务院和各主管部门都存在各自适用法律时解释法律的情况，所以需要对中央各个机关的法律解释范围进行分工，且在行文上，1981 年的《决议》并没有突出人大常委会作为立法机关在解释上的优势地位，而只是将其与最高人民法院、最高人民检察院、国务院和各主管部门并列。因此，强调法律解释的权力，首先是要处理中央和地方关系的问题，是要保证中央权力延伸到地方，而不是明晰立法与

---

① 王汉斌：《关于加强法律解释工作等三个决定（草案）的说明》，载中国人大网：http：//www.npc.gov.cn/wxzl/gongbao/2000-12/26/content_5001237.htm，最后访问时间：2016 年 7 月 18 日。

司法关系的问题。

随着拨乱反正的完成和我国改革开放的顺利进行，中央和地方在法律解释方面存在的问题逐步得到解决。随着中国法治进程的推进，原本的分工问题开始转化为权力的限制问题，与此同时，立法活动的丰富和发展、立法权力的扩展也使立法和司法权力的协调成为一个重要问题。而与立法权、司法权有关的理论话语恰好为这种协调提供了理论依据。因此，从 1997 年开始，最高人民法院开始较为自觉地审视司法解释的权限、效力、形式以及程序问题，制定了《最高人民法院关于司法解释工作的若干规定》(以下简称《若干规定》)。如果说此前对司法解释的限制还仅仅停留在理论话语体系之中，那么，2007 年《各级人民代表大会常务委员会监督法》的出台则第一次将这种限制体现在了法律文本中，该法首次明确了司法解释备案程序，第 31 条规定："最高人民法院、最高人民检察院作出的属于审判、检察工作中具体应用法律的解释，应当自公布之日起三十日内报全国人民代表大会常务委员会备案。"为适应这种新的限制，最高人民法院修改了 1997 年的《若干规定》，颁布了《最高人民法院关于司法解释工作的规定》。而 2015 年修订的《立法法》，虽然事实上也对司法解释进行了限制，却第一次在《立法法》中肯定了司法解释。该法第 104 条规定："最高人民法院、最高人民检察院作出的属于审判、检察工作中具体应用法律的解释，应当主要针对具体的法律条文，并符合立法的目的、原则和原意。遇有本法第四十五条第二款规定情况的，应当向全国人民代表大会常务委员会提出法律解释的要求或者提出制定、修改有关法律的议案。最高人民法院、最高人民检察院作出的属于审判、检察工作中具体应用法律的解释，应当自公布之日起三十日内报全国人民代表大会常务委员会备案。最高人民法院、最高人民检察院以外的审判机关和检察机关，不得作出具体应用法律的解释。"从限制角度，该法首次对何为"具体应用法律的解释"作出界定，即一是应当针对具体的法律条文，二是符合立法的目的、原则和原意。而对于属于"法律制定后出现新的情况，需要明确适用法律依据的"

要求应当向全国人大常委会提出法律解释要求或者制定修改法律的议案，言外之意似乎是，此种情况，最高人民法院不得制定司法解释。由此司法解释的范围排除了法律漏洞填补的内容，而仅包括对条文本身的解释。

二、司法解释的权力来源

从上述法律文本的措辞及其发展、变迁的历程可以看出，首先，虽然日益受到限制，但是最高人民法院所享有司法解释权力的法律依据是明确的，而且无论是全国人大常委会的两个《决议》还是此后的《人民法院组织法》等立法，都既没有限制司法解释的形式，也没有要求司法解释必须与个案相联系，甚至根据《决议》的出台背景可以推演出，包括司法解释在内的法律解释，本就包括了抽象性的解释文本。而即使《立法法》限制了司法解释的制定范围，也没有否定最主要的抽象性司法解释的合法地位。因此，从这个意义上来讲，对于目前占据主流的抽象性司法解释，需要完善，但不应该因其合法性不足而予以否弃。另外，需要探讨的问题是，最高人民法院的司法解释权力是直接来自法律，还是来自全国人大常委会的法律解释权。前者意味着，法律并未将法律解释的权力单独赋予某一个机关，不同机关均可行使解释的权力，这些权力是并行的，全国人大常委会的两个《决议》实际上就是这样一种思路。而后者意味着，按照法律规定，法律解释权力的归属是单一的，由一个机关享有，只是在行使上，其他机关依照规定，在各自的分工范围内行使法律解释权。《立法法》第 45 条第 1 款明确规定："法律解释权属于全国人民代表大会常务委员会。"而第 2 款就规定了由全国人民代表大会常务委员会解释的两种情形，即"（一）法律的规定需要进一步明确具体含义的；（二）法律制定后出现新的情况，需要明确适用法律依据的"。可见，按照现行法，我国法律解释权力的配置与《决议》的规定是有区别的，首先将法律解释权仅仅赋予全国人大常委会，上述两种情形属于全国人大常委会直接行使法律解释权的范畴，在这两种情形之外，允许其他机关根据分工依法行使法律解释权力。综上，最高人民法院的司法解释权来源应当是全国人大常委会的法律解释权。

第二节　司法解释效力的界定

在明确了司法解释权力来源问题之后，司法解释究竟有何效力的问题就需要探讨了。其间，无法避免的一个尴尬现象是：现行法律的确没有对司法解释的效力作出规定，只有最高人民法院的司法解释对其自身效力进行了界定，即“具有法律效力”。但法律没有明确规定，并不意味着司法解释的效力就必然存在疑问，没有规定不等于否定，更有可能的是，没有规定是因为这本就是不言自明的。

一、司法解释效力的观点及评析

但是，如何理解“具有法律效力”确实还值得进一步探讨。对此，学术界和实务界多有探讨，形成了很多观点。有的研究区分了具体的司法解释种类，并认为，对具体法律条文进行解释的司法解释，因有立法机关的授权而具有等同于法律的地位。有的研究认为，司法解释具有仅次于法律的效力。[①] 有的研究认为，司法解释的效力等同于行政法规。[②] 还有的研究认为，司法

① 例如，尹伊君、陈金钊：《司法解释论析——关于传统司法解释理论的三点思考》，载《政法论坛》1994年第1期，第33页；周道鸾：《论司法解释及其规范化》，载《中国法学》1994年第1期，第87页；等等。

② 例如，蒋德海：《司法解释和行政法规的法律效力应规范化》，载《社会科学》2003年第4期，第56页。

解释应当与其解释的具体法律条文具有统一效力，但前提是限定最高人民法院制定司法解释的权力范围，明确只能就具体的法律条文进行司法解释，且司法解释应当符合立法的目的、原则和原意。[①] 但这些观点仍然不无疑问。比如，第一种观点认为，司法解释具有等同于法律的地位，但等同于法律的含义是什么却并不清楚，是否意味着司法解释就是法律，如果可以这样认为，那么司法解释和立法解释之间是否在效力上完全一致？对于第二种观点，司法解释具有仅次于法律的效力，如果从司法解释是对法律的解释，应当受立法机关的审查和监督的角度来看，似乎是没有问题的，但“仅次于”法律仍然令人困惑，按照《立法法》确立的法律体系，法律之下的位阶是行政法规，认为司法解释效力次于法律，那么其与行政法规之间是何种关系？特别是认为“仅次于”法律，似乎其效力应在其他规范，包括行政法规之上。而第三种观点，肯定了司法解释与行政法规具有同等效力，但有疑问的是，司法解释是对法律的一种解释，而行政法规并不属于解释的范畴，两种规范虽然都与法律有关系，且都不属于法律范畴，但是否就可以视为具有相同效力？第四种观点从司法解释与其解释条文之间的关系角度界定司法解释的效力，认为具有同等效力，但其同样强调了这一结论是有前提的，即这样的司法解释必须针对具体的法律条文，且符合立法的原则、目的和原意，那么对于并没有与具体法律条文相对应的司法解释条文，其效力如何解决？特别是按照《最高人民法院关于司法解释工作的规定》，除“解释”外，司法解释还有“规定”“批复”和“决定”几种形式，这四种司法解释除“决定”用于修改或者废止司法解释，不涉及具体法律适用问题外，其他三种之中，“解释”是“对在审判工作中如何具体应用某一法律或者对某一类案件、某一类问题如何应用法律制定的司法解释”，既可能针对具体条文，也可能无法明确针对的具体是哪一条文，尤其是对某一类案件、某一类问题如何适用法律的解释。“批

① 例如，王成：《最高法院司法解释效力研究》，载《中外法学》2016年第1期，第274页。

复”是“对高级人民法院、解放军军事法院就审判工作中具体应用法律问题的请示制定的司法解释”，因为涉及具体案件，所以基本都是针对具体条文的理解。“规定”是“根据立法精神对审判工作中需要制定的规范、意见等的司法解释”，这种司法解释的依据是“立法精神”，可能不针对具体的法律条文。比如，最高人民法院于2015年颁布的《关于人民法院登记立案若干问题的规定》，因现行《民事诉讼法》在修改时并没有将立案登记制考虑其中，故该规定关于民事案件立案登记的规定显然难以归类为是对《民事诉讼法》具体条文的解释。上述各种并不针对具体条文的解释，效力如何界定？

当然，最后一种观点也提出了司法解释与其解释的条文具有同样效力的前提，即最高人民法院应当按照《立法法》的规定，不再制定不针对具体条文的司法解释。但目前已经制定出来的司法解释无法因为《立法法》的修订而被宣布无效，其效力问题也不可能因此而被回避。何况，所谓“针对具体条文的要求”看似明确，但一旦进入实践层面却并不那么清楚，这是语词不可避免的局限性。同样的情形，既可以认为是针对具体条文的解释，也可以认为属于应当由全国人大常委会负责解释的“法律制定后出现新的情况，需要明确适用法律依据的”。比如，我国《婚姻法》第18条第3项规定，遗嘱或赠与合同中确定只归夫或妻一方的财产为夫妻一方的财产。《最高人民法院关于适用〈中华人民共和国婚姻法〉若干问题的解释（三）》第7条规定，“婚后由一方父母出资为子女购买的不动产，产权登记在出资人子女名下的，可按照婚姻法第十八条第（三）项的规定，视为只对自己子女一方的赠与，该不动产应认定为夫妻一方的个人财产”。如果就第7条司法解释的表述来看，显然其针对的是婚姻法的具体条文，即针对第18条第1款第3项的适用作出的解释。但婚后由一方父母出资为子女购买的不动产，产权登记在出资人子女名下又是司法实践中逐渐出现的新情况，上述司法解释第7条的规定，又不能不说是对这一情况如何适用法律作出的规定。可见，一旦进入具体层面，究竟是属于“针对具体条文应用的解释”还是“对新情况如何适用法律进行规定”往往很难界定清楚。退一步说，即使认为，上述司法解释第 7 条这种情况就属于应当由全国人大常委会进行解释的情形，不应由最高人民法院作出司法解释，但司法实践中这样的情况数不胜数，全国人大常委会即使愿意，能否都对其作出立法解释？在其作出解释之前，究竟是任由各级法院基于各自的理解和判断作出不同的判决，还是由最高人民法院对法律适用进行解释，答案似乎不言自明。此外，类似于立案登记制规定、民事案件案由这样的司法解释，几乎没有针对具体的法律条文，对于这些解释需要规范的问题，究竟是可以寄希望于立法解释，还是专门的立法？答案似乎也是不言自明的。

二、司法解释效力的本质含义

综上可见，最高人民法院的司法解释是否符合修订的《立法法》规定，本身就是一个可以解释的问题，而既然法律已经设置了司法解释的备案制度，也就是将对具体司法解释是否符合立法法规定的解释权限交给了全国人大常委会，那么，现行有效的司法解释在没有被立法机关撤销之前，其效力都是需要明确的。而前述很多研究对于司法解释效力的认定之所以模糊不清或者失之偏颇，根本原因在于忽视了司法解释与法律本身之间的关联性。

无论是从理论上还是从我国的法律体系上来考察，解释并不是法律体系中独立的一层。从法律体系最高等级宪法到最低一级的规章，每一种规范都存在解释问题，解释是对文本的解释，即使运用一定的解释方法，不管解释本身是扩张或限缩了文本的含义，甚至是通过解释生成了新的规则，解释依然不能独立于文本而自身存在，否则就不是解释。在这个意义上，司法解释具有法律效力并不是说明司法解释文本效力等于法律的效力，或者是低于法律效力，抑或相当于其他规范如行政法规的效力。其实，理解和掌握司法解释的效力应当从两个方面界定：一方面，司法解释是对法律的解释，其必然以法律为前提，因此在实质意义上，即使在解释中不得不进行扩张解释或者限缩解释，也必须要符合立法精神、目的和原意；而由于司法解释的权力来自立法机关的授权，在形式意义上，就必须接受立法机关的审查，允许立法机关通过一定程序进行撤销。另一方面，既然司法解释是对法律的解释，其理所应当作为法律的组成部分，除非立法机关撤销，否则司法解释的表述就是具有实质意义的法律，司法解释阐述的规则就是法律规则的一部分。即使那些没有针对具体法律条文的司法解释，只要其有制定的法律依据，也应当同样作为法律规定的一部分予以看待。一言以蔽之，司法解释具有法律效力，不是在于制定司法解释的机关在地位、权力上与立法机关相同，而在于司法解释是对法律的解释。由此，司法解释的效力显然应当高于行政法规。同时也正是这一原因，司法解释在颁布了新的法律，或在原法律修改、废止，或者制定了新的司法解释后，不再具有法律效力。

如果从这个意义上来理解，司法解释之间的冲突，司法解释与法律之间的冲突就是一个伪问题，因为无论是司法解释的冲突还是司法解释与法律的冲突，都可以回归到法律本身来考察，并针对具体情境按照法律适用规则决定，究竟应当适用新法还是旧法，适用上位法还是下位法，适用特别法还是一般法，等等。

第三节　维护司法解释效力的建议

一、司法解释的适时清理

如前所述，司法解释因其作为法律实质上的组成部分而具有法律的效力，除非司法解释被新的立法所取代或者被新的立法所撤销。司法解释被新的立法取代是指法律发生了修改、废止或者颁布新法律的情形，此时的司法解释被撤销是毋庸置疑的，也无须经过特别的程序。但旧的司法解释是否因为新的立法颁布而当然失效仍然存在争议，为了维持法律及司法解释效力的确定性，在新立法颁布或者对法律进行修改的时候，建议最高人民法院对相关的司法解释进行清理，并明确其效力；对于一些已经被立法所吸收的司法解释，也同样建议通过清理废止其效力，因为司法解释一旦为立法所吸收，成为正式的法律条文，其作为司法解释就失去意义了；如果不废止，在裁判文书中仍然可以引用，这就会出现同样的情形既可以引用法律条文，又可以引用司法解释条文，容易造成法律适用的混乱。

二、立法权与司法解释权的协调

关于司法解释直接被立法机关以不符合法律规定而撤销的情形，回顾司法解释的历史，这一情形目前尚未有一例。如前所述，《各级人民代表大会常务委员会监督法》和《立法法》都规定了司法解释备案制度，即要求最高人民法院、最高人民检察院作出的属于审判、检察工作中具体应用法律的解释，应当自公布之日起三十日内报全国人民代表大会常务委员会备案。并未规定司法解释备案后，全国人大常委会对该司法解释是否应当审查以及如何审查，而且备案并不是司法解释发生效力的前提。即使如此，由于最高人民法院司法解释权力直接来自全国人大常委会的法律解释权，其只是在具体应用法律层面对法律进行解释，故全国人大常委会自然有权力审查司法解释的合法性，并否定其效力。目前之所以未发生此种情况可能是因为，在司法解释颁布之前，最高人民法院已经就司法解释的内容征求了全国人大常委会的意见，故其颁布的正式的司法解释文本至少是得到了全国人大常委会的认可，故其备案之时，已经没有必要再行审查。但即使如此，随着立法法治化进程的推进，随着立法机关越来越重视立法权力，在现行《立法法》已经明确规定了司法解释范围的情况下，预计在未来，无论是事前的征求意见、沟通还是事后的备案，最高人民法院与全国人大常委会围绕制定的司法解释的范围以及效力问题将更容易产生分歧，特别是如前所述，确实存在既属于针对法律条文进行的解释，同时也属于为了适应新情况需明确法律依据的解释。在这一背景下，作为立法机关，建议其重新审视立法“宜粗不宜细”的原则，特别是在当前中国法律体系已经建立的情况下，法律条文的科学、明确以及具体，特别是尽量少的宣示性规定，而尽量多的裁判性规定，应当是下一步立法的改进方向。即使仍然有一些问题由于各方面利益调整不宜通过立法作出规定，但至少应对最高人民法院已经制定的大量司法解释予以重视，并在法律修改的过程中，逐一分析，在能够作为立法规定的情况下，尽可能吸收到立法之中，而避免新的立法颁布之后，仍然需要由最高人民法院制定新的司法解释。另外，建议立法机关对最高人民法院司法解释的权限进行适度的宽泛界定。不可否认，最高人民法院不是民主代议机关，当然没有立法权，所以限定其司法解释的范围，避免其以司法解释为名进行立法是有道理的。但是，我们也不能把立法—司法关系推向教条化，用理论来切割现实，并对任何无法装进理论的现实感到恐惧和不安。事实上，解释就是解释，无论解释是否超越了立法文本，解释和立法都有本质的不同。立法活动固然有法律理论、法律技术作为基础，但其更主要的不是法律理论的推演，而是回应现实经济社会关系运作对规则的需要，因此，立法中充满各种利益诉求的碰撞和妥协，即使是移植外国法律，也不能完全忽视中国的现实需要，这才是立法首先要考虑的问题，也是为什么要由一群未必都学过法律的代表来审议法律精英起草的法律文本，以决定其是否能够成为法律以作为具有普遍效力的行为准则的原因。但解释必须以法律文本为前提，最激进的法律解释理论也不能宣称可以无视法律文本的存在，而正是因为法律文本的存在，任何“明修栈道，暗度陈仓”的法律解释都不能简单地诉诸赤裸裸的利益，而必须在抽象的法律理论、中性的法律技术之中找到帮助，而后两者在一定意义上，无疑对这一解释权力的行使具有约束力。在这个意义上，无论司法解释的条文是否涉及具体的法律条文，只要其是以具体的法律文本为基础所作的解释就应当具有正当性。对此，立法机关应当容忍，并不宜过多干预。

三、合法性与实效性的平衡

当然，从最高人民法院的角度来看，对司法解释效力的维护也必须在合法性和实效性之间寻求新的平衡。无可否认，最高人民法院的司法解释发展至今，的确发挥了很多积极作用，但在立法法治化日益推进的今天，单纯的功能主义视角往往难以回应合法性的质疑。因此，建议在司法解释制定过程中，首先，需要坚持以问题为导向。如前所述，改革开放以来法治的发展，填补法律空白、创设法律规则等方面的工作已经日渐回归立法机关，立法机关与最高司法机关的关系慢慢进入一种宪法框架下立法—司法应当有的关系中，司法解释的主要功能理当回归到解决法律适用中的疑难，统一司法尺度上。因此，司法解释的立项和起草应当更加重视以司法实践为导向，应当将目标集中在适用法律存在较大争议，极易造成同案不同判，需要最高司法机关作出选择，以统一司法尺度的问题上。在这个意义上，司法解释条文是否以实践存在问题为导向要比司法解释是否针对了具体的条文更重要，如果实践中根本没有解释的需要，无论是否针对了具体条文，都无制定解释的可行性。当然也必须强调，并不是所有的法律适用分歧都要以制定司法解释的方式来统一。有的分歧，各方观点都有一定道理，且各方观点的实践效果也并没有表现出显著的差异，断然采取任何一种观点可能都未必能达到很好的效果，在这种情况下，就应当暂时回避，等待更成熟的时机再作规定。其次，建议最高人民法院在制定司法解释的过程中，固然要对解释实施后的社会效果进行评估，为此需要广泛征求社会各界意见，避免司法解释的颁布造成不可预期的效果，但在此基础上，还必须要经过法律理论体系和法律解释方法的检验，以避免司法解释带来自洽性的难题，形成新的不确定因素。再次，司法解释的表述应当更加具体和明确。目前一些司法解释制定之后，仍然存在对“解释”进行“解释”的需求，这就失去了司法解释在统一法律适用方面的意义了。而目前最高人民法院在司法解释颁布之后，一般都会发表“理解与适用”的文章，并出版相关书籍。其实，最高人民法院在发布司法解释的时候，就可将解释的背景、所欲解决的问题直接附后，最好能附上相关案例，以便于法官更好地理解和适用。当然，可以在裁判中直接引用的，仍然是法律条文。最后，建议最高人民法院推动司法解释被立法吸收的进程，一方面，在有关立法的修改过程中，应积极推动已经成熟的有关司法解释纳入法律修改之中；另一方面，在其制定的司法解释实施一定时期之后，通过对实施效果的调研和评估，向立法机关提出修改法律，或者形成立法机关法律解释的意见和建议。

第九章

司法解释性质文件的研究

第一节　司法解释性质文件的概述

一、司法解释性质文件的概念

司法解释性质文件也可称为类司法解释。根据1981年全国人大常委会的决议和有关法律规定，对于审判工作中具体应用法律、法令的问题，由最高人民法院制定司法解释。[①] 最高人民法院分别于1997年、2007年制定了《最高人民法院关于司法解释工作的若干规定》和《最高人民法院关于司法解释工作的规定》，建立健全了司法解释制定和备案程序，按照规定，所有司法解释一律要提交最高人民法院审判委员会讨论通过。2007年制定的《最高人民法院关于司法解释工作的规定》第6条规定了司法解释的四种形式，包括“解释”“规定”“批复”和“决定”。其中，修改或者废止司法解释，采用“决定”的形式，这样，司法解释的规范形式主要还是“解释”“规定”和“批复”三种。也就是说，当前，我国对司法解释的制定主体、程序和形式等都有严格的规范要求。

① 为叙述方便，本章所述司法解释一般仅指最高人民法院制定的司法解释，学理上称抽象司法解释，特殊情况下另作说明。

但是，在历史上和实践中，最高人民法院联合一些并无司法解释制定权的主体发布了一些规范性文件，最高人民法院自身或其内部机构也发布了大量规范性文件，地方各级人民法院也发布了一些规范性文件。这些规范性文件虽然不符合司法解释的规范形式，或者本来就不是以司法解释的面目出现的，但是它们中的一部分在实质意义上具有司法解释的性质。这部分与司法解释、内部规范有区别，但又在实质意义上具有司法解释性质的规范性文件就被称为司法解释性质文件。[①]

根据人大决议和相关法律规定，司法解释是由最高人民法院对具体应用法律有关问题作出的解释，具有普遍的法律效力。由此推演，司法解释性质文件指的是司法解释主体没有按照司法解释程序和形式制定的，或者非司法解释主体对具体应用法律问题作出的不具备法律效力而有事实效力的规范性文件。

二、司法解释性质文件的特征

虽然很难对司法解释性质文件下一个准确的定义，也很难准确界定其特征，但从上述描述性定义来看，司法解释性质文件具备如下特征。

（一）制定主体广泛

司法解释性质文件的发布主体既包括具有司法解释权的主体[②]，也包括

① 司法解释性质文件这一概念来源于1987年3月31日最高人民法院发布了《关于地方各级人民法院不应制定司法解释性文件的批复》，规定地方各级人民法院“不宜”制定司法解释性文件。后来，司法解释性质文件被最高人民法院和最高人民检察院所沿用，尤其是在废止司法解释与司法解释性文件的“决定”中频繁使用。2012年1月，最高人民法院、最高人民检察院联合发布《关于地方人民法院、人民检察院不得制定司法解释性质文件的通知》继续使用“司法解释性质文件”一词。2015年《最高人民检察院关于废止部分司法解释和司法解释性质文件的决定》，其中纯粹的司法解释性质文件被单列，即司法解释性质文件目录之下的项目为《最高人民检察院、公安部关于印发〈最高人民检察院、公安部关于审查逮捕阶段讯问犯罪嫌疑人的规定〉的通知》（高检会〔2010〕6号）。

② 按照《立法法》的规定，司法解释权的主体是“两高”，即最高人民法院和最高人民检察院，本章不特别说明的均指最高人民法院，涉及最高人民检察院的会专门指出来。

最高人民法院的内设机构和地方人民法院以及其他不具有司法解释制定权的主体。

（二）形式多样

司法解释性质文件的形式和制定程序没有法律规定或规范性依据，多数情况下都是参照司法解释的形式和制定程序，因此，并不规范。当然，其形式不得为“解释”“规定”“批复”和“决定”，通常表现为“通知”“答复”“指导意见”等。

（三）法律效力不明

一般来说，司法解释性质文件没有明确的法律拘束力，不能在裁判文书中援引。但是，事实上，司法解释性质文件在审判实践中发挥着一定的指导或参考作用，甚至是关键作用。例如，确定财产犯罪具体数额的司法解释性质文件就直接决定着罪与非罪、罪轻或罪重。因此，司法解释性质文件可谓法律效力不明，具有事实效力。

（四）夹杂在法院内部工作规范中

人民法院的内部工作规范一般不具有对外的法律效力，与司法解释和司法解释性质文件有很大不同。但是，人民法院的内部工作规范往往在形式上与司法解释性质文件非常类似，甚至共存于一个文件之中。因而，很难区分。仅仅从形式上来区分司法解释性质文件与内部工作规范比较困难，往往还应从实质上来区别。

三、司法解释性质文件的范围与类型

由于不是法定的规范性文件，司法解释性质文件范围涵盖广泛，种类复杂，在不同历史时期呈现不同的表现形式，相互之间的关系也难以梳理清楚。以 1997 年最高人民法院出台的司法解释相关规定为界，可以对司法解释性质文件的范围与类型做如下梳理：

第一，在 1997 年《最高人民法院关于司法解释工作的若干规定》出台之前，最高人民法院发布的规范性文件，是否是司法解释不能从形式上判断，而应从实质上判断，即只要具有外部法律效力，不管何种形式的规范性文件都可以视为司法解释。在《最高人民法院关于司法解释工作的若干规定》出台之后发布的规范性文件，是否是司法解释则可以从形式上判定，即只有“解释”类、“规定”类和“批复”类的规范性文件（有“法释”字样与文号）才是司法解释。也就是说，除上述三类规范性文件外，1997 年以前最高人民法院发布的规范性文件都有可能是司法解释性质文件，如“意见”“通知”“答复”等。①

第二，过去一个时期，最高人民法院和最高人民检察院为了增强文件的可执行力，往往与不具有司法解释权的主体联合发文。这一类规范性文件一般具有很强的外部普遍约束力，但是不符合司法解释的法律授权。因而它们不是严格意义上的司法解释，而属于司法解释性质文件。例如，1984 年最高人民法院、最高人民检察院、公安部联合发布的《〈关于当前办理集团犯罪案件中具体应用法律的若干问题的解答〉的通知》，1989 年最高人民法院、最高人民检察院、公安部、司法部、卫生部联合发布的《关于颁发〈精神疾病司法鉴定暂行规定〉的通知》。② 再如，2016 年 4 月 18 日最高人民法院、最高人民检察院、公安部、国家安全部、司法部联合发布的《人体损伤致残

① 2007 年之后，最高人民法院的“决定”也是法定的司法解释形式。到目前为止可以确定的是最高人民法院司法解释性质文件的形式不能是“解释”类、“规定”类、“批复”类和“决定”类四种。

② 尹伊君、陈金钊:《司法解释论析——关于传统司法解释理论的三点思考》，载《政法论坛（中国政法大学学报）》1994 年第 1 期，第 35 页。

程度分级》。[①]2013年《最高人民检察院关于废止1980年1月1日至1997年6月30日期间制发的部分司法解释和司法解释性质文件的决定》[②]和2015年《最高人民检察院关于废止部分司法解释和司法解释性质文件的决定》[③]等都明确把这种联合发布的文件定性为司法解释性质文件，而不是司法解释。

第三，最高人民法院或者最高人民检察院的内部机构发布的规范性文件。依据法律规定，最高人民法院的内部机构没有法律主体资格，其发布的规范性文件只具有内部约束力，但实际上其发布的一些规范性文件往往发生溢出效应，具有事实上的外部约束力。例如，1988年11月30日《最高人民法院民事审判庭关于董文忠与郑明德宅基地纠纷案的电话答复》（〔88〕民他字第48号）："鉴于我国各地情况不同，城市土地国有化也不是同步进行的，对这类案件各地处理的依据也不同，所以对1982年宪法公布前，各地根据本地区的具体情况作出相应规定的，并依照规定已经作了处理的就不再溯及，同意其效力不能再延长到宪法公布后你院一般不予变动的意见。但1982年宪法公布实施后，则应按照该宪法规定办理。至于对该案如何处理，仍请你院根据你们本省的实际情况，予以妥善处理为宜。"[④]再如，2002年9月18日《最高人民检察院研究室关于盗窃骨灰行为如何处理问题的答复》（〔2002〕高检研发第14号）认为："'骨灰'不属于刑法第三百零二条规定的'尸体'。对于盗窃骨灰的行为不能以刑法第三百零二条的规定追究刑事责任。"[⑤]这些规范性文件已经具有外部法律约束力，已经不仅仅是内部规

① 《人体损伤致残程度分级》，载百度百科，最后访问时间：2016年6月21日。

② 2013年《最高人民检察院关于废止1980年1月1日至1997年6月30日期间制发的部分司法解释和司法解释性质文件的决定》，载《最高人民检察院公报》2013年第5期，第17页。

③ 《最高人民检察院关于废止部分司法解释和司法解释性质文件的决定》，载《检察日报》2015年6月12日，第3版。

④ 《关于董文忠与郑明德宅基地纠纷案的电话答复》，载法律图书馆网：http：//www.law-lib.com/law/law_view.asp?id=5402，最后访问时间：2016年7月11日。

⑤ 《关于盗窃骨灰行为如何处理问题的答复》，载法律图书馆网：http：//www.law-lib.com/law/law_view.asp?id=81785，最后访问时间：2016年7月5日。

范，而是司法解释性质文件。

第四，1987 年最高人民法院发文、2012 年最高人民法院与最高人民检察院联合发文均不支持或禁止地方各级人民法院和人民检察院制定司法解释性质文件。这些规定恰恰说明地方人民法院、人民检察院一直在制定司法解释性质文件。事实上，地方人民法院尤其是各地高级人民法院的确一直在制定司法解释性质文件，并要求本地区遵守。例如，2014 年北京市高级人民法院制定的《关于进一步规范行政诉讼活动中委托代理的意见》（京高法发〔2014〕90 号）[①]，河南省高级人民法院颁布的《关于行政案件异地管辖问题的规定（试行）》[②]。

虽然 2015 年《立法法》明确禁止地方各级人民法院和人民检察院作抽象司法解释，但是地方各级人民法院和人民检察院的司法解释性质文件和其他规范文件实际上大量存在，并在审判中发挥着重要的参考和指导作用。因此，在地方各级人民法院发布的一些规范性文件中存在着司法解释性质文件，这是不争的事实。

综上，可以从主体上把司法解释性质文件大体分为以下两种类型：

第一，司法解释制定权主体发布的不具备法定司法解释形式的司法解释性质文件。

第二，无司法解释制定权主体发布的司法解释性质文件。

具体又可以分为：（1）司法解释制定权主体的内部机构发布的司法解释性质文件；（2）司法解释制定权主体与非司法解释制定权的主体联合发布的司法解释文件；（3）地方人民法院和人民检察院发布的司法解释性质文件。

---

① 《关于进一步规范行政诉讼活动中委托代理的意见》，载北大法宝：http：//www.pkulaw.cn/fulltext_form.aspx?Gid=17829509.，最后访问时间：2016 年 7 月 5 日。

② 《关于行政案件异地管辖问题的规定（试行）》，载河南省高级人民法院：http：//www.hncourt.gov.cn/public/detail.php?id=146731.，最后访问时间：2016 年 7 月 5 日。

第二节　司法解释性质文件的现状与问题

上述各类司法解释性质文件由于其历史渊源、发布主体、表现形式和效力影响等方面的不同，其发展现状和存在的问题也各不相同。

一、我国司法解释性质文件的现状

（一）司法解释权主体发布的司法解释性质文件

现实中，除四种法定形式外，最高人民法院还发布包括安排、意见、纪要、通知、指示、函、复函、答复、解答、联合通知等多种形式的规范性文件。[①]按照规定，这些形式的文件不应纳入司法解释的范畴。有人则认为，如果文件的内容是属于一般性规范内容，且具有普遍性效力，能够影响人们的权利义务，则属于司法解释，如《最高人民法院关于适用〈中华人民共和国侵权责任法〉若干问题的通知》，该通知确属一般机关公文，但该通知明确规定了《侵权责任法》的适用效力范围，且其第4条直接变更《侵权责任法》第16条的规定，扩大受害人获得赔偿的范围，深度影响人们的权利义务，具有普遍适用的效力，无疑应属于司法解释的范畴，是具有普遍约束力的法律规范。[②]

这两种意见的视角不同，所产生的结论也就不同。否认这些形式的文件为司法解释的意见是从法定形式上作出的判断；承认这些形式的文件为司法

① 胡岩：《司法解释的前生后世》，载《政法论坛》2015年第3期，第40页。
② 胡岩：《司法解释的前生后世》，载《政法论坛》2015年第3期，第40页。

解释的意见是从实质上作出的判断。这两种意见都有其合理性，甚至谁也不能驳倒谁。之所以把这些形式的文件称作司法解释性质文件，就是希冀利用这一概念解决这一争议。但是在诸多废止司法解释与司法解释性质文件的决定中，最高人民法院和最高人民检察院很少把废止的司法解释和司法解释性质文件分开单列。这足以说明区分司法解释与司法解释性质文件的困难。

（二）无司法解释制定权主体发布的司法解释性质文件

根据我国法律的有关规定，司法解释的制定主体只能是最高人民法院和最高人民检察院。但历史上，无司法解释制定权的主体参与制定司法解释性质的文件也很普遍。①

1. 最高人民法院与无司法解释制定权主体联合发布的司法解释性质文件

最高人民法院与无司法解释制定权主体联合发布规范性文件是过去一个时期的常态。例如，早在 1950 年 7 月 21 日，当时的政务院就曾与最高人民法院联合发布《关于镇压反革命活动的指示》，用于指导反革命犯罪案件的审理；再如，1952 年 5 月 23 日，最高人民法院、最高人民检察署、司法部、公安部联合发布《关于通缉在逃犯问题的联合通知》；还如，1953 年 6 月 11 日，最高人民法院、司法部联合发布《关于有期徒刑最高年限的批复》；等等。这与新中国成立初期社会主义法律体系尚未建立以及人们的政法观念有深刻关系。新中国成立之初，除了《宪法》等几部法典之外，我国没能及时制定其他法典，案件的审理主要依靠政策和已有的一些判例。总之，新中国成立初期，由于体制和历史等方面的原因，司法解释受制于政治制度以及社会环境，实际上在很长一段时期内只不过是一种政策解释，势必造成司法解释权的

① 这些规范性文件中的一些文件在过去也被视为司法解释，但是自从 1997 年之后，联合发布的类似规范性文件就不是严格意义上规范的司法解释，可以将其定性为司法解释性质文件。

扩散和司法解释主体的多元化。[①]

1978年恢复社会主义法治建设以后，虽然相继出台不少法典，但法典质量粗糙，且法院地位依旧孱弱，其他行政机关及人民团体参与发布司法解释的现象仍然得以延续。据统计，在1980年至1990年，最高人民法院与非司法解释权的主体联合发文就有62个，占所有联合发文的三分之二以上。[②]例如，1983年11月28日，外交部、最高人民法院、民政部、司法部、国务院侨务办公室联合发布《关于驻外使领馆处理华侨婚姻问题的若干规定》[③]；再如，最高人民法院、最高人民检察院、公安部和国家工商行政管理局于1998年5月8日联合发布了《关于依法查处盗窃、抢劫机动车案件的规定》[④]，以及最高人民法院、最高人民检察院、公安部、民政部和全国妇联于2003年3月20日联合发布了《关于打击拐卖妇女儿童犯罪有关问题的通知》[⑤]等。这些情形表明司法解释的主体仍然处于泛化状态，行政权与司法权的界限不够清晰。

随着我国社会主义法治体系的逐步建立及最高人民法院对司法解释制定工作的进一步完善，司法解释权主体与行政机关和人民团体等单位联合发布司法解释的做法开始遭到摒弃。目前，严格按照司法解释的发布主体、制定程序和规范形式的司法解释，仅有两个具有司法解释权的司法机关可以联合发布司法解释，即最高人民法院和最高人民检察院以“两高”联合发文的形式发布司法解释。实践中，在1997年之后，一般也不认可最高人民法院与其他部门联合发布的文件为司法解释，这些联合发文一般限于某些工作事项、

① 詹红星：《刑法司法解释的宪法审视》，载《政治与法律》2013年第4期，第63页。

② 尹伊君、陈金钊：《司法解释论析——关于传统司法解释理论的三点思考》，载《政法论坛（中国政法大学学报）》1994年第1期，第35页。

③《关于驻外使领馆处理华侨婚姻问题的若干规定》，载找法网：http：//china.findlaw.cn/info/hy/hunyinfagui/sifajieshi/188665.html.，最后访问时间：2016年7月5日。

④《关于依法查处盗窃、抢劫机动车案件的规定》，载法律图书馆网：http：//www.law-lib.com/law/law_view.asp?id=13923.，最后访问时间：2016年7月5日。

⑤《关于打击拐卖妇女儿童犯罪有关问题的通知》，载法律图书馆网：http：//www.law-lib.com/law/law_view.asp?id=15023.，最后访问时间：2016年7月5日。

内部管理规定、通知等。但是，这些联合发文大都具有事实上的外部普遍效力，如 2014 年 12 月 28 日最高人民法院、最高人民检察院、公安部、民政部联合发布的《关于依法处理监护人侵害未成年人权益行为若干问题的意见》和 2016 年 1 月最高人民法院、最高人民检察院、公安部、国家安全部、司法部联合发布的《人体损伤致残程度分级》等。

2. 最高人民法院或者最高人民检察院内设机构发布的司法解释性质文件

在司法工作实践中，常常会发生下级法院或者检察院向最高人民法院或者最高人民检察院的业务部门或其他内设机构请示的情形。这些内设机构有时直接以自己的名义向下级法院发文，由此形成了诸多司法解释性质文件。例如，1963 年 11 月 5 日《最高人民法院办公厅关于法院受理海关移送的走私案件查验走私物品问题的复函》[①]、1963 年 11 月 5 日《最高人民法院办公厅关于羁押日期是否可以折抵徒刑缓刑日期问题的复函》[②]、《最高人民法院办公厅关于国家赔偿法实施中若干问题的座谈会纪要》（法办〔2012〕490 号）[③]。再如，2002 年 9 月 18 日《最高人民检察院研究室关于盗窃骨灰行为如何处理问题的答复》（〔2002〕高检研发第 14 号）认为：“‘骨灰’不属于刑法第三百零二条规定的‘尸体’。对于盗窃骨灰的行为不能以刑法第三百零二条的规定追究刑事责任。”虽然该答复意见的内容并没有违背罪刑法定原则，没有超出刑法用语的文义射程，但是“两院”的研究室只是其内部工作机构，其发布的此类刑法解释有越权解释之嫌。

当然，最高人民法院内设机构的往来行文中有些是法院内部管理规定。这些内部管理规定不仅不是司法解释，也不是司法解释性质文件。这些规定

① 《关于法院受理海关移送的走私案件查验走私物品问题的复函》，载法律图书馆网：http：//www.law-lib.com/law/law_view.asp?id=1589.，最后访问时间：2016 年 7 月 5 日。

② 《关于羁押日期是否可以折抵徒刑缓刑日期问题的复函》，载法律图书馆网：http：//www.law-lib.com/law/law_view.asp?id=1592.，最后访问时间：2016 年 7 月 5 日。

③ 《关于国家赔偿法实施中若干问题的座谈会纪要》，载北大法宝：http：//www.pkulaw.cn/fulltext_form.aspx?Gid=201637.，最后访问时间：2016 年 7 月 5 日。

主要是以“函”“复函”“答复”等形式出现，主要规定了法院的内部工作规范，一般不影响当事人的权利义务，只具有内部约束力，没有外部约束力。但是，如果这些文件直接或者间接影响当事人的权利义务，具有外部约束力，就会成为司法解释性质文件。2002年9月18日《最高人民检察院研究室关于盗窃骨灰行为如何处理问题的答复》（〔2002〕高检研发第14号）就属于此种情形。因此，司法解释性质文件与法院内部工作规范文件往往不能仅仅从形式上进行判定，还要从实质上判定。

3. 地方人民法院与人民检察院发布的司法解释性质文件

在实践中，各高级人民法院、各省级人民检察院都或多或少地发布过司法解释性质文件。具体来说，有以下两种司法解释性质文件：

一是依据“授权”发布的司法解释性质文件，即有些司法解释性质文件是根据最高人民法院和最高人民检察院的要求制定的。其中，有关财产罪的数额认定标准就是主要的授权项。例如，1998年最高人民法院和最高人民检察院、公安部联合制定《关于盗窃罪数额认定标准问题的规定》明确规定：各省、自治区、直辖市高级人民法院、人民检察院、公安厅（局），可以根据本地区经济发展状况，并考虑社会治安状况，在上述数额幅度内，共同研究确定本地区执行的盗窃罪的具体数额标准，并分别报最高人民法院、最高人民检察院、公安部备案。[①] 再如，2013年7月15日浙江省高级人民法院、浙江省人民检察院发布的《关于印发确定敲诈勒索罪数额标准的通知》（浙高法〔2013〕150号）：“依据《最高人民法院最高人民检察院关于办理敲诈勒索刑事案件适用法律若干问题的解释》的授权，根据我省经济发展状况和社会治安状况，经最高人民法院、最高人民检察院批准，现将我省办理敲诈勒索刑事案件执行的具体数额标准确定如下：敲诈勒索公私财物价值人民币四千元

---

① 1998年《最高人民法院、最高人民检察院、公安部关于盗窃罪数额认定标准问题的规定》，载法律图书馆网：http：//www.law-lib.com/law/law_view.asp?id=13860.，最后访问时间：2016年7月5日。

以上、八万元以上、四十万元以上的，应当分别认定为刑法第二百七十四条规定的‘数额较大’、‘数额巨大’、‘数额特别巨大’。”①

二是地方司法机关根据本地区的自身需要制定的司法解释性质文件，如2001年7月27日浙江省高级人民法院、浙江省人民检察院、浙江省公安厅联合发布的《关于办理寻衅滋事案件适用法律若干问题的意见》②；再如，2014年北京市高级人民法院制定的《关于进一步规范行政诉讼活动中委托代理的意见》（京高法发〔2014〕90号）③。

二、我国司法解释性质文件存在的问题

（一）最高人民法院发布的司法解释性质文件存在的问题

1. 司法解释性质文件替代司法解释

多样化的司法解释性质文件形式反映了司法解释性质文件与行政公文的

---

① 《关于印发确定敲诈勒索罪数额标准的通知》，载为你辩护网：http：//www.scxsls.com/a/20141014/104571.html，最后访问时间：2016年7月5日。

② 《浙江省高级人民法院、浙江省人民检察院、浙江省公安厅关于办理寻衅滋事案件适用法律若干问题的意见》规定：“（一）有下列情形之一，破坏社会秩序的，属于刑法第二百九十三条中的‘情节恶劣’或‘情节严重’，应以寻衅滋事罪论处：

1. 在两年内实施三次以上寻衅滋事行为的；

2. 随意殴打他人造成一人以上轻伤或三人以上轻微伤的；

3. 追逐、拦截、辱骂他人、致使他人无法正常生活、工作，或者造成他人精神失常、自杀等严重后果的；

4. 强拿硬要公私财物价值人民币1000元以上、任意损毁公私财物2000元以上或者任意占用公私财物1万元以上的。

因实施刑法第二百九十三条中的四项行为之一而构成其他更重罪行，以重罪论处。

（二）非法插手民间纠纷，殴打他人的，以随意殴打他人论；强行收取各种形式保护费，或者非法插手民间纠纷，以强迫手段索赔、讨债、从中牟利的，以强拿硬要论。”

载法律教育网：http：//www.chinalawedu.com/web/13800/wl1511125194.shtml，最后访问时间：2016年7月5日。

③ 《关于进一步规范行政诉讼活动中委托代理的意见》，载北大法宝网：http：//www.pkulaw.cn/fulltext_form.aspx?Gid=17829509.，最后访问时间：2016年7月5日。

亲缘关系，与此同时彰显这一形式是法院行政化控制的工具，是法官行政化思维的来源，也是法院体制行政化的标志。用司法解释性质文件替代司法解释，成为最高人民法院行政化控制的工具。

2. 无法真正划清司法解释与司法解释性质文件的界限

由于种种原因，最高人民法院还在不断出台司法解释性质的文件，这些文件多以“意见”“通知”等形式发布，对全国法院执法办案有直接的约束力，但由于不是司法解释，法官在裁判文书中不能引用，导致事实上的只能用不能说。全国人大和专家学者对此颇有微词，如何正确处理二者之间的关系，规范并避免用这种司法解释性质的文件来指导工作，处理案件，值得研究。

3. 无法从形式上划清司法解释性质文件与内部工作规范的界限

1997 年之后，司法解释与非司法解释可以从形式和文号等方面进行区别，但是司法解释性质文件与其他规范性文件则不能从形式和文号上进行区分，通常都采用“意见”“通知”等形式，文号也没有区别。

（二）无司法解释制定权主体发布的司法解释性质文件

1. 联合发文表明司法无力

历史上长期存在无司法解释制定权主体与最高人民法院联合发布司法解释性质文件的现象，这其中既有体制方面的原因，也有观念方面的原因。在我国的政治体制下，相对来讲，行政权主动性强，更加强势，司法权具有典型的被动性，相对较为弱势。加之历史上司法解释的政策性解释倾向，为了增强司法解释的权威性，使其能够在司法实践中得以顺利贯彻实施，最高人民法院在出台司法解释时往往要联合某些行政机关或人民团体。然而，司法解释主体的多元化，不仅极大地影响了司法解释的权威性，也使司法解释的内容部门利益倾向化色彩浓厚。[①] 最高人民法院自降地位与国务院的部委联

① 詹红星：《刑法司法解释的宪法审视》，载《政治与法律》2013 年第 4 期，第 63 页。

合发布司法解释性质文件实为无奈之举。如果不联合发文，最高人民法院的司法解释就不能得到其他部门的认可，就有可能成为一纸空文。①

如果要彻底摒弃最高人民法院与其他行政机关等部门联合发布司法解释性质文件的做法，就必须提高最高人民法院的权威。

2.“两高”内部机构发布司法解释性质文件

根据《全国人民代表大会常务委员会关于加强法律解释工作的决议》《人民法院组织法》和《人民检察院组织法》等决议、法律，享有司法解释权的主体只有最高人民法院和最高人民检察院，司法解释只能以最高人民法院和最高人民检察院的名义对外发布。最高人民法院内部各业务庭、研究室和最高人民检察院各业务厅、研究室虽然在司法解释的制定过程中发挥着重要的作用，但它们均只是最高人民法院或者最高人民检察院的内部机构，都无权以各自的名义对外发布司法解释性质文件。

3. 地方人民法院内部机构发布司法解释性质文件

由于我国幅员辽阔，各地区经济、文化和社会发展水平不平衡，对有关具体应用法律的问题都一律由最高人民法院、最高人民检察院搞“一刀切”式的司法解释，是很难照顾到各地具体情况的，反而可能会背离实质正义的要求。因此，最高人民法院和最高人民检察院将个别财产犯罪的数额标准授权省级的司法机关在某些问题上作出符合本地区实际情况的具体规定。②

但是，最高人民法院在某些时期则明确反对各地人民法院制定司法解释性质文件。1987 年 3 月 31 日，针对当时广西壮族自治区高级人民法院制定

① 尹伊君、陈金钊:《司法解释论析——关于传统司法解释理论的三点思考》，载《政法论坛（中国政法大学学报）》1994 年第 1 期，第 35 页。

② 1998 年《最高人民法院和最高人民检察院、公安部关于盗窃罪数额认定标准问题的规定》，载法律图书馆网：http ://www.law-lib.com/law/law_view.asp?id=13860.，最后访问时间：2016 年 7 月 5 日。2001 年 7 月 27 日《浙江省高级人民法院、浙江省人民检察院、浙江省公安厅关于印发确定敲诈勒索罪数额标准的通知》，载法律教育网：http ://www.chinalawedu.com/web/13800/wl1511125194.shtml，最后访问时间：2016 年 7 月 5 日。

的《关于处理房屋、宅基地案件贯彻执行有关政策法律若干问题的意见》，最高人民法院发布了《关于地方各级人民法院不宜制定司法解释性质文件问题的批复》，规定地方各级人民法院“不宜”制定司法解释性质文件问题。[①]2012年1月18日，根据2011年全国人大常委会工作报告和立法计划关于督促和指导最高人民法院、最高人民检察院开展司法解释集中清理工作的总体部署和要求[②]，最高人民法院、最高人民检察院联合发布《关于地方人民法院、人民检察院不得制定司法解释性质文件的通知》，该通知第1条规定，“自本通知下发之日起，地方人民法院、人民检察院一律不得制定在本辖区普遍适用的、涉及具体应用法律问题的‘指导意见’、‘规定’等司法解释性质文件，制定的其他规范性文件不得在法律文书中援引”。[③]

显然，如果没有宪法和法律依据，最高人民法院与最高人民检察院对地方人民法院和人民检察院的授权也是禁止的。我国《宪法》和相关宪法性文件不仅没有赋予地方各级司法机关抽象司法解释权，而且2015年《立法法》第104条明确禁止地方人民法院和人民检察院进行抽象司法解释。地方各级司法机关发布司法解释性质文件显然是无宪法和法律依据的，属越权行为。

而实际上，各地法院仍在制定司法解释性的规范性文件，并要求本地区遵守，屡禁不止。例如，2014年北京市高级人民法院制定了《关于进一步规范行政诉讼活动中委托代理的意见》（京高法发〔2014〕90号），河南省高级人民法院颁布了《关于行政案件异地管辖问题的规定（试行）》。究其原因，

① 1987年3月31日《最高人民法院关于地方各级人民法院不宜制定司法解释性质文件问题的批复》，载法律图书馆网：http：//www.law-lib.com/law/law_view.asp?id=4208.，最后访问时间：2016年7月5日。

② 董税涛：《地方司法解释性质文件的实证分析与理论探讨》，载《湖北警官学院学报》2014年第8期，第56页。

③ 2012年1月18日《最高人民法院、最高人民检察院关于地方人民法院、人民检察院不得制定司法解释性质文件的通知》，载法律图书馆网：http：//www.law-lib.com/law/law_view.asp?id=392993.，最后访问时间：2016年7月5日。

这些司法解释性质文件是法院行政化体制造成的，它们可以替代司法解释而解决“司法解释的饥渴症”。同时，如果最高人民法院和最高人民检察院的司法解释或者司法解释性质文件不能解决客观存在的地区差异性问题，地方人民法院和地方人民检察院的解释则不可避免，禁而不止将具有一定的必然性。[①]

第三节　司法解释性质文件的发展趋向

司法解释性质文件是抽象司法解释法定化的副产品，不符合司法法治化的基本要求。但是，由于法律和指导案例的不健全，司法解释性质的文件有其存在的客观需求和必要。随着法律和指导案例的日渐完善，司法解释性质文件将逐渐退出历史舞台。

一、“两高”的司法解释性质文件逐渐向司法解释等法定形式转化

目前，最高人民法院、最高人民检察院的法定工作形式主要有司法解释、指导案例和内部管理规定等。最高人民法院、最高人民检察院的司法解释性质文件可以对应逐步转化为上述几种工作形式。

（一）司法解释取代司法解释性质文件

对于类似“解释”“规定”“批复”类的司法解释性质文件，如果已经不

① 董税涛：《地方司法解释性质文件的实证分析与理论探讨》，载《湖北警官学院学报》2014年第8期，第56页。

再适应社会的现实需要，应及时废止；如果没有过时，则可以考虑启动司法解释的制定程序，形成司法解释。

（二）指导案例取代司法解释性质文件

对于类似“批复”类等与个案直接相关的司法解释性质文件，可以考虑把其融入具体的案例之中，形成指导案例。

（三）规范内部管理规范

制定最高人民法院内部管理规范的规定时，禁止对司法解释的事项作出规定，明确其性质、效力、程序和形式，建立内部和外部监督机制，防止其因发生外部法律效力而沦为司法解释性质文件。

二、禁止无司法解释制定权主体制定司法解释性质文件

如果说最高人民法院、最高人民检察院的司法解释性质文件需要逐步转化，那么无司法解释制定权主体的司法解释性质文件则应该尽快清理和禁止。

（一）“两高”与无司法解释制定权主体联合发文的禁止

最高人民检察院将其与无司法解释制定权主体的联合发文定性为司法解释性质文件从实际效用上看是值得肯定的。但是，为了杜绝这种工作方式，最高人民法院、最高人民检察院可以在相关规定中予以明确禁止。近年来，最高人民法院、最高人民检察院已经很少采用联合发文的方式了。

（二）“两高”内部机构制定的司法解释性质文件的清理与禁止

最高人民法院、最高人民检察院的内部机构制定的司法解释性质文件是对最高人民法院、最高人民检察院司法解释权的僭越，必须禁止。

首先，清理已经制发的此类司法解释性质文件。如果已经与现实社会需要脱节，就废止；如果没有过时，就启动司法解释制定程序，用新的司法解释予以替代。

其次，制定最高人民法院、最高人民检察院内部机构工作规范，明确禁止内部机构制定司法解释性质文件，如有违反，相关人员则应承担责任。确实需要，则可以依法启动司法解释制定程序。

（三）地方法院、检察院不得制定司法解释性质文件

1987 年 3 月 31 日《最高人民法院关于地方各级人民法院不宜制定司法解释性质文件问题的批复》明确规定：对审判实践中遇到的一些具体问题，建议你们在调查研究的基础上，可写一些经验总结性的文章，供审判人员办案时参考，或者召开一定范围的会议，总结交流经验。2010 年《最高人民法院关于规范上下级人民法院审判业务关系的若干意见》中也指出，各高级人民法院可以做参考性案例、会议纪要等方式指导审判。因此，各级人民法院可以参考性案例、会议纪要、业务交流等多种形式对审判实践中的经验进行总结。

对在总结审判工作、检察工作经验过程中认为需要制定司法解释的，地方人民法院、人民检察院可按照《最高人民法院关于司法解释工作的规定》和《最高人民检察院司法解释工作规定》的要求，通过高级人民法院、省级人民检察院向最高人民法院、最高人民检察院提出制定司法解释的建议或者对法律应用问题进行请示。同时，最高人民法院、最高人民检察院可以采取或者建议全国人大常务委员会采取确定犯罪数额认定指数标准等制度，摒弃向下级法院授权的做法，撤除地方人民法院制定司法解释性质文件的客观基础。

第十章

司法解释的清理与编纂

第一节　司法解释的清理

司法解释是中国特色社会主义司法制度的重要组成部分，司法解释工作是法律赋予最高人民法院的一项重要职责。中国特色社会主义法律体系形成后，加强法律实施成为法治建设的重要任务，司法解释在保证法律统一正确实施中的作用更加凸显，影响更加广泛，也受到社会各界越来越多的关注。作为全国法院和检察院办案的法律依据，司法解释随着立法的发展，也会有一个由生到死的过程，这就是司法解释的清理工作。司法解释清理是指定期或者不定期地对司法解释的内容进行审查，确定其是否继续有效，是否需要废止和修改。

一、司法解释清理的必要性

司法解释是对法律作出的解释，具有很强的针对性和时效性，需要随着经济社会的发展，法律的修改变化而进行相应的修改、清理，换言之，司法解释本身需要与时俱进。司法解释的清理是司法解释永葆生命力的基本保障，也是司法解释自身系统化、科学化发展的结果，最终成为便于各级法院适用、真正发挥其统一裁判尺度、规范行为导向作用的重要法宝。具体而言，司法解释的清理主要原因在于：

（一）颁行新法，修订现法

司法解释需要随着新法的施行、现行法律的修改而必须进行相应的调整工作。近年来，随着社会主义法律体系的形成，法律制度不断健全完善，每年都会有新的法律出台，同时有相当一部分法律法规被修订。为此，作为对法律适用问题进行解释的司法解释当然也需要及时调整。已经出台的司法解释与新修订的法律发生冲突，或者司法解释的相关规定已被新法所吸收替代，或者司法解释所依据的法律已经失效，这些都需要及时进行相关清理工作。例如，2012 年全国人大对《民事诉讼法》作出了较大幅度的修改，之前针对原《民事诉讼法》所作的一系列司法解释就可能存在需要调整或废止的情形。为此，最高人民法院于 2015 年 12 月 20 日公布了《关于适用〈中华人民共和国民事诉讼法〉的解释》，全文共计 552 条，同时废止了最高人民法院于 1992 年 7 月 14 日发布的《关于适用〈中华人民共和国民事诉讼法〉若干问题的意见》，并规定最高人民法院以前发布的司法解释和规范性文件，与本解释不一致的，以本解释为准。

（二）社会形势或国家政策的发展

司法解释要随着社会形势或国家政策的发展而进行相应的清理工作。司法解释的制定离不开一定的社会背景，其当然需要随着社会经济的发展而进行相应的修改。当今社会正处在深刻变革之中，国际国内矛盾较为复杂，各项经济、社会、文化制度也发生着变化。司法解释是依据其制定时的社会的形势政策和价值理念作出的。特别是不少司法解释是对特定时期或者特定背景下个案问题的处理意见，与当前经济社会形势已经脱节，需要予以废止，如 1982 年发布的《最高人民法院关于在逮捕前交“群众监督劳动”的日期可否折抵刑期问题的批复》等原有司法解释的废止，即属于这一情形。

（三）司法解释之间的冲突

司法解释之间的冲突也需要通过清理工作来解决。我国司法解释数量庞大，制定的时间跨度较大，随着时代的发展，司法解释之间也会出现冲突或相互之间予以吸收替代的情形，需要根据法律变化适时予以调整。例如，1996年发布的《最高人民法院关于逾期付款违约金应当依据何种标准计算问题的批复》（法复〔1996〕7号）因被1999年发布的《最高人民法院关于逾期付款违约金应当按照何种标准计算问题的批复》（法释〔1999〕8号）所代替而被废止。

概言之，司法解释清理需达到以下几个目的：一是确保司法解释的合法性。2011年全国人大宣布我国社会主义法律体系基本建成，先后出台了大量新的法律。在新法律出台之后，依据以前的法律所作的司法解释就需要根据新的法律进行清理，确保不与新法律冲突。二是确保司法解释的适用妥当性。司法解释是对法律在案件裁判中如何适用的理解和阐释，其天生就具有时效性和适用情景的限定性，而社会各方面发展变化很快。司法解释如同法律一样，也会有不适应新发展和新情况的问题。通过及时清理，避免司法解释适用的不良效果。三是回应司法解释需求的正当性。司法解释的正当性基础在于适时回应社会需要，实现案件裁判的公正，维护社会公平正义。但司法解释适用的效果有时也会出现与预期不一致的情况，这在制定司法解释之初是无法判断的。司法解释颁布适用一段时间以后，就需要对其适用的效果进行评估，对于适用效果不理想的，要及时进行调整。

二、司法解释清理的基本样态

司法解释清理包括集中清理和专项清理两类。

（一）集中清理

集中清理就是对一定时期内的全部司法解释进行全面清理。集中清理工作任务很重，费时费力，难度很大。最高人民法院一共进行过两次司法解释的集中清理。第一次是加入世贸以后，为了适应入世要求，进行了一次全面的司法解释清理，先后废止两批司法解释，第四批（2001 年）20 件，第五批（2002 年）16 件。第二次是 2011 年我国法律体系基本建成后，全国人大常委会在清理法律之后，又要求“两高”进行司法解释的集中清理，这次清理历时四年时间。最高人民法院在清理中将 1949 年至 2011 年的司法解释分三个阶段进行，1949 年最高人民法院建院至 1979 年年底为第一阶段，1980 年 1 月 1 日至 1997 年 6 月 30 日为第二阶段，1997 年 7 月 1 日至 2011 年年底为第三阶段。最高人民法院这次清理了最高人民法院单独制定、与最高人民检察院等中央有关部门联合发布的现行有效的司法解释、司法解释性质文件及其他规范性文件共计 3351 件。其中，第一阶段 184 件，第二阶段 1520 件，第三阶段 1647 件。这一次集中清理工作是最高人民法院所进行的前所未有的一次大规模、地毯式的集中清理活动，清理对象涉及民事、刑事、行政、国家赔偿、执行等各个领域的司法解释；清理的数量甚至超过过去 20 年的清理总量，力度之大可见一斑，这也是中国特色社会主义法律体系形成后要求加大对司法解释集中清理力度的直接成效。从清理的理由上来看，主要是已颁行的司法解释与当时颁布的新法规定相抵触，或者被新法的规定所吸收代替而应被废止。此外，也有部分是由于被其他司法解释的规定所代替，或者是所依据的法律失效，或社会形势发生变化而不再适用。

（二）专项清理

专项清理就是基于特定事由而对某几件或者某一类司法解释进行清理。专项清理一般基于两类原因：一是法律作了修改，在新法律实施前要对原有相关司法解释进行清理。最高人民法院在《物权法》《侵权责任法》出台以及 2007 年《民事诉讼法》修改后，都进行了相关司法解释的专项清理。例如，20 世纪 90 年代进行的历次清理，其中，第一批（1994 年）11 件，第二批（1996 年）69 件，第三批（2000 年）10 件，第六批（2002 年）14 件，第七批（2008 年）27 件，都属于专项清理的范畴。从清理的对象上来看，这几批清理的对象与新法律颁布的时间（如《物权法》出台、2007 年《民事诉讼法》修改等）都很接近，属于具有针对性和时效性的专项清理工作。在此需要明确的是，司法解释清理与废止并非同一概念，虽然社会公众对于清理工作的认识多是人民法院以适当形式发布废止司法解释的目录，废止也可谓是司法解释清理的一种非常重要的结果表现形式，但废止司法解释本身并不能代表司法解释清理的全部，司法解释清理本身是一项系统工程，是一个动态的过程，即使从结果意义上而言，清理工作最终的成果也不限于废止某个或某些司法解释，还有予以保留以及继续有效两种情形。尤其是在集中清理的情形下，还需要对大量司法指导性文件是否属于司法解释进行甄别。

三、司法解释清理的原则和方法

（一）明确界定司法解释的范围

司法解释的界定，要结合司法解释工作在不同历史时期发展完善的实际情况，并以文件的内容为标准进行判断。最高人民法院在 2011 年的集中清理过程中，即以 1997 年 7 月 1 日《最高人民法院关于司法解释工作的若干规定》施行日期为准，区分前后两个阶段进行界定。1997 年 7 月 1 日起施行的《最高人民法院关于司法解释工作的若干规定》第 9 条规定了司法解释的形式分为“解释”“规定”“批复”三种；自 2007 年 4 月 1 日起施行的《最高人民法院关于司法解释工作的规定》规定了司法解释的形式分为“解释”“规定”“批复”和“决定”四种。因此，自1997年7月1日起最高人民法院单独或者联合有关部门发布的“解释”“规定”“批复”和“决定”且以“法释”字编号的文件为司法解释，非以“法释”字编号的文件一律不得作为司法解释。这一阶段，除上述“解释”“规定”“批复”和“决定”四类司法解释外，还有以“法释”字编号，名称为“安排”、内容涉及内地与港澳台司法事务的文件，也是司法解释，也在清理的范围之中。

1949年至1997年6月30日，由于缺乏对司法解释形式和制定程序的明确规定，这一时期的司法解释表现为决定、纪要、解释、意见、通知、答复、规定等多种形式。经最高人民法院审判委员会研究决定，清理过程中按照以下标准对司法解释进行界定：其一，对具体应用法律、法令问题进行解释的，界定为司法解释。其二，形式上虽表现为个案答复，但内容为法律适用问题且对于某一类案件具有普遍适用效力的，应界定为司法解释；不涉及法律普遍适用问题，只针对具体案情处理的，应界定为个案答复类司法指导性文件。其三，鉴于当时的立法状况和司法解释制定工作不规范的实际情况，不分文件名称，具体发文形式，只要内容属于对应用法律、法令解释的，都界定为司法解释。

（二）排除不属于司法解释的司法指导性文件

所谓司法指导性文件，是指除司法解释以及司法行政管理、人事管理类文件之外的，涉及法律适用问题的司法指导性文件。1997年7月1日以后，最高人民法院或者最高人民法院有关部门单独以及联合其他有关部门发布的涉及法律适用问题但不是以“法释”字编号的规范性文件，均属于此类。1997年7月1日之前，最高人民法院或者院内有关部门仅针对某一具体案件的个案答复，以及由外单位牵头、最高人民法院会签的文件，最高人民法院重要工作会议领导讲话和会议纪要等文件也属于此类司法指导性文件。

在此需要注意的是，非司法解释性质的司法指导性文件，虽然不属于直接法律适用的依据，不能在人民法院裁判文书中直接援引为裁判依据，但对指导各级人民法院审判工作仍具有参考借鉴意义。

（三）司法解释清理的标准

司法解释清理的标准主要有两个：一是合法性标准。首先，要审查司法解释是否符合法律规定。凡不符合法律规定，即与法律相冲突的司法解释，一律予以废止。其次，要看是否已经为法律所取代，如果已经有法律规定，则不必再保留解释。再次，要看是否被新的司法解释所替代或者所废止。最后，还要看解释的法律是否被废止，如果解释的法律是被废止的，相应的解释也要废止。二是妥当性标准。这就要审查司法解释适用的结果，即裁判结果是否做到了妥当化解纠纷，公正处理当事人的权利义务。对于欠缺妥当性的司法解释，即使与法律不冲突，也要及时予以废止或者修改。从最高人民法院所公布的废止司法解释的决定来看，司法解释废止的理由主要有：一是社会形势发生变化，不再适用。二是被新司法解释替代。三是为法律所替代。四是情况已变化，实际已失效。五是解释的法律被废止。六是与法律产生冲突。从最高人民检察院所公布的废止司法解释的决定来看，司法解释废止的理由有：一是解释不再适用。二是解释的依据被废止。三是法律已经有规定。四是被新解释所替代。例如，1995 年 8 月 24 日《最高人民法院对有关不动产的非诉行政案件执行管辖问题的答复》，因为该司法解释已经被《最高人民法院关于人民法院执行工作若干问题的规定》所代替，应当予以废止。“两高”联合废止司法解释的理由有：一是已过适用期。二是法律已有规定。三是社会形势发生变化，不再适用。四是与法律规定相冲突。五是为新司法解释所替代。六是制定依据已失效、被修改，或者被废止。

（四）司法解释清理的结果

司法解释清理的结果有三种：一是继续有效的，予以保留。二是确定废止的，要作出废止司法解释的决定，向全社会公告。三是需要修改的，要提出修改计划，及时进行修改。

社会各界所了解的司法解释清理结果主要是废止的司法解释。“两高”废止司法解释主要有两种方式：一是经清理后的废止，发布一个废止司法解释的通知或者决定，1997年以后，一律改用决定。最高人民法院自1994年开始废止司法解释以来，已经先后单独废止司法解释十一批。最高人民检察院自1993年开始发布废止司法解释的通知。“两高”则自1994年开始联合废止司法解释。这说明“两高”对司法解释的清理工作非常重视。二是在新的司法解释或者在贯彻实施新法律的通知中明确提出与新法律或者新司法解释不一致的司法解释不再适用，这是一种原则性的司法解释废止方式。但这种废止方式仅具有宣示意义，具体哪些司法解释或者司法解释的条文不再适用，需要适用者自行进行判断，在实践中易引发争议，造成司法解释适用的困难，不利于司法解释的实施，有必要予以废止。

四、当前司法解释清理工作存在的主要问题

回顾最高人民法院20多年所进行的司法解释清理工作，其主要存在以下问题：

（一）欠缺深入调研和统筹安排

司法解释数量庞杂，司法解释条文与法律条文之间的交叉、重复甚至冲突的情况需要清理，司法解释之间条文相互交叉、重复、冲突、矛盾的情况也需要清理。如前所述，对现行有效的司法解释进行清理，是永葆司法解释生命力的保障。但目前司法解释的清理工作缺乏统筹规划，有时一年清理两次，有时数年才清理一次。有时清理工作因为时间要求比较紧、任务比较急，或多或少存在缺乏充分调查研究，“头痛医头、脚痛医脚”随意清理的问题。

今后的清理工作亟须系统性、条理性、层次性，要未雨绸缪，更要深入调研。

（二）未顺应三大诉讼法及时进行清理

2012年以来，立法机关先后对《民事诉讼法》《刑事诉讼法》《行政诉讼法》进行了较大幅度的修改，最高人民法院虽然也及时配合新法实施，立足审判实际，出台了系统完备的配套司法解释，对指导当前和今后一段时期内的审判实践统一裁判尺度具有积极意义。但对于新法实施前与三大诉讼程序相关的司法解释清理工作仍未系统开展。虽然从法理上来讲，与法律冲突的司法解释条文肯定是无效的，但未经最高人民法院进行系统清理和明文废止，各级人民法院对司法解释条文是否有效进行识别的难度较大，也必然会造成法律适用上的不统一，甚至会让普通老百姓无所适从。

（三）过于偏重废止

清理工作过于偏重废止，而修订或者修改工作进展较为缓慢。无论是集中清理还是专项清理，从最终结果，尤其是社会公众的感知来看，主要是以废止某些司法解释的形式出现。就此次司法解释的集中清理来看，也是分几批公布了所废止的司法解释的目录，虽然在对所有司法解释进行清理后，也划定了近150件司法解释需要依据现有法律规定进行相应的修改，但是社会公众仅从司法解释文本上无从得知，且目前这一系统工作由于工作量巨大，且涉及不同部门，在案多人少的背景下，进展较为缓慢。另外，从全部司法解释的体系来看，各司法解释条文间也缺乏系统的整合梳理，这将是一个长期的系统工程。

（四）清理工作人手不足

清理单位任务繁重，存在人手不足的问题。当前司法解释的清理工作是由最高人民法院研究室的相关处室负责，但这些处室并非专门从事清理工作，其他审判执行部门从事清理工作的人也都是在做好审判执行第一要务的前提下开展清理工作，也并非专门抽调进行清理工作。面对繁杂枯燥的清理工作，人力和组织保障上都存在不足，且各部门之间在衔接沟通上的不协调也都会或多或少影响清理工作的效率。

五、司法解释清理工作的完善

针对上述问题，结合司法解释清理工作的实际情况，我们认为，随着社会主义法律体系的形成，为进一步健全和完善现行法律体系，最大限度发挥司法解释的实际效用，完善司法解释清理工作需要做到以下几点。

（一）形成常态化的司法解释清理工作机制

构建常态化、规范化、有序化的司法解释清理工作机制，这已成为理论界和实务界的共识。最高人民法院在本次司法解释集中清理工作结束后，即着手认真总结经验，查找问题与不足，建立健全司法解释清理工作长效机制。根据新法实施和法律修订情况，定期启动清理工作，确保司法解释内容合法、形式规范、相互协调一致，更好地发挥司法解释在正确适用法律、指导审批工作中的重要作用。对于清理工作，应该有预案，有方案，有调研，有实效，要切实避免清理不及时、不适时，无法有效配套新法的实施，甚至产生法律适用冲突等情况。

（二）完善司法解释清理工作程序

清理司法解释，如同起草司法解释一样，要有系统科学的工作程序，要进行深入全面的系统调查研究，也要广泛听取各级法院的意见或主动征求专家学者、社会大众的建议，及时发现和总结现行司法解释中存在的问题。对此，最高人民法院应当完善相应的工作程序规则，制订相应的工作方案，特别是对与人民法院审判执行工作密切相关或者有一定影响的法律修改或者新法施行，应当在该法施行前，未雨绸缪地做好相关司法解释的清理预案，提前介入，在紧跟立法的同时，也能及时清理过时和不能适用的司法解释条文，便于指导各级法院正确适用法律和相关司法解释，维护司法权威。要探索形成相对专门化、固定化的司法解释清理工作队伍，畅通相关部门的协调分工，做到职责清晰、分工明确，从而更加高效、高质量地做好司法解释清理工作。

（三）改进司法解释清理方式

要采取随时清理、定期清理与全面清理相结合的方式，及时修改和废止与法律不一致或者已不适应形势的司法解释。全国人大及其常委会制定新的法律或者修改、废止相关法律后，应当对法律是否涉及相关司法解释的修改或者废止进行研究并提出意见，其中对于涉及的司法解释需要进行修改的，及时提出修改司法解释的工作立项，启动司法解释的修改工作；对于涉及的司法解释需要被废止的，及时予以废止。“两高”应建立司法解释即时清理机制，一旦有法律修改、新法律出台或者制定新的司法解释时，要同步对原有的司法解释进行清理，按照有效、废止、修改三种方式进行处理，确保司法解释的正常适用。一般在法律颁布之后，实施之前，应当完成司法解释清理工作。在新司法解释发布的同时，应当公布不再适用的司法解释目录。

（四）增强司法解释清理的实效性和针对性

司法解释的清理工作必须紧跟时代的潮流，紧跟法律的进步，紧跟人民群众的司法需求，对于已经与现行法律冲突，不合时宜的司法解释条文要及时废止；对于相互冲突、相互矛盾的司法解释和司法解释性质文件，确定废止或者修改其中的一个司法解释或者司法解释性质文件，要保留正确的、新的，废止已经过时的、与现有法律相冲突的。对于简单对法律条文进行重复规定的司法解释，也应当予以清理，以切实保障司法解释本身的质量。特别是三大诉讼法作为诉讼领域的基本法律，与人民法院审判工作乃至广大人民群众的诉权保障密切相关，当务之急就是要针对三大诉讼法的修改，对有关司法解释进行清理。进一步增强司法解释清理的实效性和针对性，尤其是对需要修改的司法解释条文内容作出及时修改，这是保证法律统一正确实施的重要环节，是确保司法解释实效性和切实发挥其统一裁判尺度，维护当事人合法权益的基本要求。

（五）注重清理成果的转化

要积极巩固清理成果，完成成果转化工作。对纳入修改范围的文件，按照后续工作方案，及时启动修改程序，如期完成修改任务；对于废止的司法解释和司法解释性质文件，在向社会公布后，及时向全国人大常委会报送备案；对于现行有效的司法解释和司法解释性质文件，要做好法院系统内部的宣传培训工作，及时指导全国法院广大法官学习好、适用好，以统一法律适用，维护法制统一。要注意通过完善司法解释清理工作，倒查司法解释起草过程中存在的问题，倒逼提高和改进司法解释起草的针对性和实效性。要坚决贯彻依法解释原则，严格以法律为依据，符合立法精神和法律规定，不得违背立法精神和超越法律规定的范围制定司法解释；司法解释要紧贴人民法院审判执行工作的实际，要针对司法实践中遇到的法律适用问题，提出明确的具体应用法律意见，保证法律的正确实施。最高人民法院正在以此前刚完成的司法解释集中清理工作为契机，进一步规范司法解释的立项、起草与报送、讨论、发布、施行与备案以及编纂、修改、废止等工作，进一步规范司法解释制定主体、程序和形式。当前，需要着力做好司法解释征求意见工作和效果评估工作，确保司法解释制定工作的民主、科学与合法，实现法律效果和社会效果的有机统一。

第二节　司法解释的编纂

司法解释是法律授予最高人民法院的重要审判职权，是人民法院实施法律的重要成果，是中国特色社会主义司法制度的重要组成部分。司法解释编纂是司法解释的重要内容。编纂就是按照一定原则和方法将各个司法解释编辑汇总在一起，以形成完整科学的体系。

一、司法解释编纂概述

首先，司法解释编纂是司法解释自身体系化的必然要求。最高人民法院和最高人民检察院每年都会颁行大量的司法解释和司法解释性规范文件。新中国成立以来，最高人民法院单独制定以及与最高人民检察院、中央有关部门联合制定的司法解释和司法指导性文件达3000余件。这些文件都是零散的，彼此之间各自独立，一是不方便查找，二是不方便适用，三是有时还会有冲突，四是无法配合适用。按照一定的逻辑、顺序、体系将不同时期“两高”的司法解释，分门别类地汇总编辑到一起，可以形成系统的、完整的司法解释，更好地为各级司法机关裁判案件适用，发挥司法解释的作用。

其次，司法解释编纂是司法解释自我更生的必然要求。司法解释编纂不仅是将解释汇总在一起，形成司法解释全集，更重要的是对各个司法解释进行清理、修改，梳理出解释之间的逻辑关系，判断哪些司法解释之间有冲突，哪些需要进行修改，哪些应当废止等，每一次司法解释的编纂都会成为司法解释清理的开始，编纂完成之日，即为司法解释重生之时。因此，司法解释编纂工作，对司法解释来说是非常重要的程序。

根据《最高人民法院关于司法解释工作的规定》，司法解释的编纂由审判委员会决定，具体工作由研究室负责，各审判业务部门参加。但新中国成立以来特别是改革开放以来，并未有真正意义上的系统的司法解释编纂工作。从某种程度上来讲，可以称的上最高人民法院司法解释编纂工作的主要有两次，第一次是我国加入世界贸易组织之后，通过一段时间的司法解释清理，编纂过当时的司法解释全集。第二次是 2011 年全国人大常委会安排“两高”进行司法解释的全面清理，在最高人民法院 21 个部门共同努力下完成了新中国成立以来最全面、最彻底的司法解释集中清理工作。通过甄别，确定具有司法解释和司法解释性质的文件 1600 件，司法指导性文件 1751 件。对 1600 件司法解释和司法解释性质文件分类予以废止、修改或者保留。其中，废止 715 件，确定修改 132 件，继续保留适用 753 件。在此基础上形成了司法解释的第二次编纂成果：为全面及时总结司法解释清理成果，《最高人民法院司法解释全集》正式出版。根据司法解释集中清理的结果，共收录三部分内容：一是继续有效的司法解释，截止日期为 2013 年 12 月 31 日；二是司法指导性文件，收录了最高人民法院单独以及与其他国家机关联合发布的虽然不属于司法解释，但是具有法律适用内容的规范性文件；三是废止的司法解释和司法解释性质文件。

二、司法解释编纂存在的不足和问题

在我国，司法解释编纂目前尚处于初级阶段。虽然“两高”都对司法解释编纂工作作出了规定，但这方面的力度还不够。概言之，主要存在以下问题。

（一）“重起草，轻编纂”的倾向明显

审判实践证明，司法解释本身对于统一裁判尺度发挥着巨大作用。因此，最高人民法院有关审判业务部门根据各自审判实际需要，会及时针对某类纠

纷制定司法解释。这既能及时回应审判实践的客观需求，发挥其统一裁判尺度的积极作用，同时从工作绩效上来讲，这又是很大的工作成绩，甚至是“名利双收”的事情，何乐而不为。司法解释的编纂工作本身是一项系统工程，工作量大，时效性又相对较差，在案多人少的现实压力下，多会存在轻视甚至忽视司法解释编纂工作的倾向。

（二）“重汇编，轻编纂”的问题突出

编纂并非对现有司法解释条文的简单罗列叠加，其需要按照科学逻辑标准进行体系化的废、改、立。但从“两高”的司法解释来看，几乎每年都有一定数量的司法解释全集、全编等出版发行，有的是以“两高”名义编辑，有的是由“两高”主要负责人主编。细细审视之下，这些书基本都是按照一定标准对现有司法解释所作的简单编排，未有真正的编纂之意。即使是系统收录 2013 年以前全部有效司法解释和司法指导性文件的《最高人民法院司法解释全集》，从本质上看也仅仅是对现有司法解释的汇编，而非编纂。真正的司法解释编纂还处于探索阶段。

（三）司法解释编纂滞后于司法解释清理

当前，最高人民法院基本能够紧跟立法做好司法解释清理工作，但相关司法解释编纂工作滞后。如上所述，在社会主义法律体系建成之后，最高人民法院紧锣密鼓地进行了司法解释的集中清理，取得了良好效果，但不仅有关司法解释的编纂工作没有启动，就是清理过程中确定需要修改的 130 多件司法解释的修改工作都进展缓慢。

（四）尚未形成系统完备的司法解释编纂工作规则

虽然按照《最高人民法院关于司法解释工作的规定》，司法解释的编纂由审判委员会决定，具体工作由研究室负责，各审判业务部门参加。但对于

启动司法解释编纂的理由以及如何启动、编纂工作的具体工作程序及最终成果形式等都没有明确的规定。

三、改进司法解释编纂工作的建议

（一）在思想上重视司法解释编纂工作

司法解释编纂是在对现有司法解释系统梳理的基础上所进行的“废改立”工作，其在本质上也是在起草司法解释，甚至是更高层次的司法解释起草工作。司法解释的编纂对于司法解释自身体系的完善，对于避免司法解释之间的冲突，确保法律统一适用具有十分重要的意义。因此，要真正把司法解释编纂工作重视起来，至少要将编纂工作放置在与新司法解释起草同等重要的位置，稳步有序地开展好司法解释编纂工作。

（二）建立司法解释编纂工作规则

在深入调研、探索借鉴的基础上，制定具体细致的司法解释编纂的规则制度，对司法解释编纂的启动、职能部门、具体工作程序、征求意见、成果形式、工作绩效等作出明确规定，从而确保司法解释编纂工作有据可依，有章可循。

（三）形成司法解释编纂工作机制

通过先行先试，不断总结经验教训，逐步形成常态化的司法解释编纂工作机制。针对当前司法解释编纂工作尚处于初级阶段的实际情况，可以选择某个或某几个领域的司法解释，特别是那些紧密结合当前形势、正在进行立法工作或者法典编纂工作的领域，着手进行相关司法解释的梳理、汇编，并在此基础上开展司法解释的编纂工作。通过先行先试，甚至不断试错，总结司法解释编纂的工作程序、编纂的内容及如何对原有司法解释进行整合、修改等，真正将司法解释编纂工作开展起来，最终形成司法解释编纂工作的长效机制。

（四）厘清汇编与编纂的区别

从某种意义上来讲，司法解释汇编是初级阶段的司法解释编纂。不可否认，司法解释汇编也有积极作用，我们不能忽视司法解释的汇编工作，但也不能局限于对现有司法解释进行简单的汇编，要在充分认识司法解释编纂重要性的基础上，按照严格依法、系统科学、方便适用的思想切实做好编纂工作，真正发挥司法解释编纂的实际效用。

（五）实现司法解释编纂工作与清理工作的有机结合

要将司法解释编纂工作与清理工作有机结合，做到无缝对接。在一定意义上，司法解释清理是司法解释编纂的基础，没有系统科学的司法解释清理，不可能做好司法解释的编纂工作。司法解释的编纂则是司法解释清理的更高层次的成果转化形式。作为司法解释编纂工作的源头，司法解释清理并不是工作的完结，一定要将清理工作与编纂工作有机衔接起来，从而既能提高司法解释清理工作的实际效用，又能真正做好司法解释编纂工作。

附 录

最高人民法院关于司法解释工作的规定

（建议稿）

【导言】

制定司法解释是司法审判工作的重要内容，是法律赋予最高人民法院的一项重要职能。早在1955年6月，《全国人民代表大会常务委员会关于解释法律问题的决议》就规定："凡关于审判过程中如何具体应用法律、法令的问题，由最高人民法院审判委员会进行解释。"1981年6月，《全国人民代表大会常务委员会关于加强法律解释工作的决议》重申："凡属于法院审判工作中具体应用法律、法令的问题，由最高人民法院进行解释。"长期以来，最高人民法院通过制定司法解释指导全国法院审判工作，对正确实施法律、统一裁判标准、维护法治统一发挥了重要作用。

为规范和完善司法解释工作，最高人民法院于1997年首次制定规范司法解释制定程序的文件——《最高人民法院关于司法解释工作的若干规定》（以下简称《1997年规定》），比较全面地规定了司法解释的制定程序、司法解释的形式、效力等几个方面的内容。针对实践中的新情况、新问题，最高人民法院于2007年印发《最高人民法院关于司法解释工作的规定》（以下简称《2007年规定》）。《1997年规定》和《2007年规定》，对加强司法解释工作的规范化、制度化建设，提高司法解释质量，发挥了积极作用，取得了良好效果。

中国特色社会主义法律体系形成以后，加强法律实施成为法治建设的首要任务，司法解释在保证法律实施中的作用更加突出，影响更加广泛，社会更加关注。司法解释制定面临新的形势和新的要求。特别是，亟须加快推进司法解释制定工作的法治化、制度化、科学化，进一步丰富内容、完善程序、规范形式、提高质量。《中共中央关于全面推进依法治国若干重大问题的决定》明确提出“加强和规范司法解释和案例指导工作，统一法律适用标准”。《人民法院第四个五年改革纲要（2014—2018）》也提出“加强和规范司法解释和案例指导，完善法律统一适用机制”。

本课题通过调研、征求意见等多种方式，全面了解和收集了当前司法解释工作中存在的问题和改进的建议。从调研情况来看，普遍反映《2007年规定》已不能满足当前的形势变化和改革要求，有些内容亟须根据经济社会的发展和司法实践的需要作出修改、补充和完善。在此背景下，以《2007年规定》为基础，根据《2007年规定》实施中暴露出来的问题，结合《司法解释理论与实践研究》课题的研究成果，提出《最高人民法院关于司法解释工作的规定（建议稿）》（以下简称《建议稿》）。

【《建议稿》起草的主要原则】

为确保相关规定科学合理，进一步规范司法解释工作，增强司法解释的规范性、及时性、针对性和有效性，《建议稿》的起草主要坚持了以下几项原则：

一是严格依法原则。司法解释源于法律赋予的职权，规范司法解释工作也应当以相关法律为基础。基于此，《建议稿》根据《立法法》和全国人大常委会相关规范性文件的规定，对相关条文作出了相应调整，确保相关法律和规范性文件的规定保持一致。

二是接受人大监督原则。司法解释工作应当置于全国人大及其常委会的监督之下。基于此，《建议稿》进一步强化了司法解释接受人大监督的条文，充分体现了主动接受人大监督的宪法精神和法律要求。

三是促进规范化原则。司法解释质量的提升，须以司法解释工作的规范化为前提。基于此，《建议稿》针对司法解释的立项、起草、征求意见、审议、核稿、签发、公布、备案等具体程序作出了进一步明确规定，提出具体工作要求，强化可操作性，着力提高司法解释工作的规范化、制度化水平，增强司法解释的科学性、公开性。

四是问题导向原则。司法解释来源于司法实践，服务于司法实践。司法解释的制定应当力戒泛化空谈，坚持面向实践、解决实际问题的立场。基于此，《建议稿》对司法解释工作的程序设计未“求全责备”，而是坚持以解决实践问题为导向，对于司法实务反映突出的问题进行了认真研究，争取在条文设计上集中体现。

【《建议稿》解决的主要问题】

《建议稿》的起草，坚持以问题为导向，通过调研和征求意见，深入了解和广泛收集当前司法解释工作中存在的问题，并提出了具有针对性的解决方案。主要如下：一是完善司法解释的立项程序，确保司法解释的规范性和及时性，为司法解释质量的提升提供程序保障。二是加强司法解释的调研和征求意见工作，确保司法解释的科学性和公开性，确保司法解释的制定充分体现司法为民的要求。三是加强司法解释清理工作，确保司法解释的有效性和实用性，促进司法解释在维护法律统一方面发挥重要作用。四是规范最高人民法院、最高人民检察院联合制发司法解释的工作程序，理顺“两高”联发司法解释的工作机制，确保联发司法解释的质量。五是加大地方各级法院参与司法解释制定工作中的力度，充分调动地方司法机关的积极性，不断增强司法解释的针对性。

在具体的起草技术方面，《建议稿》注重司法解释规范工作的延续性，对于《2007年规定》尽量吸收和沿用，根据司法实践需要作了适当修改完善。

同时，根据当前的新情况新问题，《建议稿》新增部分条文，以进一步建立健全司法解释的相关工作机制。

【《建议稿》的具体内容】

第一章　一般规定

【起草思路】进一步明确司法解释制定应当遵循的基本规则，特别是司法解释的制定应当准确把握法律精神和法律原则，确保司法解释的针对性和可操作性，实现司法解释的法律效果和社会效果的有机统一。

第一条　为进一步规范和完善司法解释工作，根据《中华人民共和国人民法院组织法》、《中华人民共和国各级人民代表大会常务委员会监督法》和《全国人民代表大会常务委员会关于加强法律解释工作的决议》等有关规定，制定本规定。

【说明】本条吸收《2007年规定》第一条。

《2007年规定》	《建议稿》
第一条　为进一步规范和完善司法解释工作，根据《中华人民共和国人民法院组织法》、《中华人民共和国各级人民代表大会常务委员会监督法》和《全国人民代表大会常务委员会关于加强法律解释工作的决议》等有关规定，制定本规定。	**第一条**　为进一步规范和完善司法解释工作，根据《中华人民共和国人民法院组织法》、《中华人民共和国各级人民代表大会常务委员会监督法》和《全国人民代表大会常务委员会关于加强法律解释工作的决议》等有关规定，制定本规定。

第二条　人民法院在审判工作中具体应用法律的问题，只能由最高人民法院作出司法解释。

【说明】本条吸收《2007年规定》第二条，并作适当修改完善，主要是明确规定就人民法院在审判工作中具体应用法律的问题制定司法解释的主体“只能”是“最高人民法院”，重申“地方法院不得制定司法解释”的精神。

《2007 年规定》	《建议稿》
第二条 人民法院在审判工作中具体应用法律的问题，由最高人民法院作出司法解释。	**第二条** 人民法院在审判工作中具体应用法律的问题，只能由最高人民法院作出司法解释。

第三条 司法解释应当根据法律和有关立法精神，结合审判工作实际需要制定。

司法解释不得违背和超越法律规定。

【说明】本条吸收《2007 年规定》第三条，并增加第二款规定，强调司法解释不得违背和超越法律规定，重申司法解释应当合乎法律的要求。

《2007 年规定》	《建议稿》
第三条 司法解释应当根据法律和有关立法精神，结合审判工作实际需要制定。	**第三条** 司法解释应当根据法律和有关立法精神，结合审判工作实际需要制定。 司法解释不得违背和超越法律规定。

第四条 司法解释工作应当主动接受全国人民代表大会及其常务委员会的监督。在研究制定司法解释过程中，对于法律的规定需要进一步明确具体含义，或者法律制定后出现新的情况，需要明确适用法律依据的，最高人民法院应当向全国人民代表大会常务委员会提出法律解释的要求或者提出制定、修改有关法律的议案。

【说明】本条系新增条文，规定了主动接受人大监督原则，并规范了司法解释和立法解释及修改法律之间的关系。

《2007 年规定》	《建议稿》
	第四条 司法解释工作应当主动接受全国人民代表大会及其常务委员会的监督。 在研究制定司法解释过程中，对于法律的规定需要进一步明确具体含义，或者法律制定后出现新的情况，需要明确适用法律依据的，最高人民法院应当向全国人民代表大会常务委员会提出法律解释的要求或者提出制定、修改有关法律的议案。

第五条　最高人民法院发布的司法解释，应当经审判委员会讨论通过。

【说明】本条吸收《2007年规定》第四条。

《2007年规定》	《建议稿》
第四条　最高人民法院发布的司法解释，应当经审判委员会讨论通过。	**第五条**　最高人民法院发布的司法解释，应当经审判委员会讨论通过。

第六条　最高人民法院发布的司法解释，具有法律效力。

【说明】本条吸收《2007年规定》第五条。

《2007年规定》	《建议稿》
第五条　最高人民法院发布的司法解释，具有法律效力。	**第六条**　最高人民法院发布的司法解释，具有法律效力。

第七条　司法解释的形式分为"解释""规定""批复"和"决定"四种。

对在审判工作中如何具体应用某一法律或者对某一类案件、某一类问题如何应用法律制定的司法解释，采用"解释"的形式。

根据立法精神对审判工作中需要制定的规范、意见等司法解释，采用"规定"的形式。

对高级人民法院、解放军军事法院就审判工作中具体应用法律问题的请示制定的司法解释，采用"批复"的形式。

修改或者废止司法解释，采用"决定"的形式。

【说明】本条吸收《2007年规定》第六条，仅对标点符号作了微调。从实践来看，现有司法解释的分类较为合理，可以继续沿用。

《2007年规定》	《建议稿》
第六条　司法解释的形式分为"解释"、"规定"、"批复"和"决定"四种。 对在审判工作中如何具体应用某一法律或者对某一类案件、某一类问题如何应用法律制定的司法解释，采用"解释"的形式。	**第七条**　司法解释的形式分为"解释""规定""批复"和"决定"四种。 对在审判工作中如何具体应用某一法律或者对某一类案件、某一类问题如何应用法律制定的司法解释，采用"解释"的形式。

续表

《2007年规定》	《建议稿》
根据立法精神对审判工作中需要制定的规范、意见等司法解释，采用“规定”的形式。 对高级人民法院、解放军军事法院就审判工作中具体应用法律问题的请示制定的司法解释，采用“批复”的形式。 修改或者废止司法解释，采用“决定”的形式。	根据立法精神对审判工作中需要制定的规范、意见等司法解释，采用“规定”的形式。 对高级人民法院、解放军军事法院就审判工作中具体应用法律问题的请示制定的司法解释，采用“批复”的形式。 修改或者废止司法解释，采用“决定”的形式。

第八条　对于同时涉及审判工作和检察工作中具体应用法律的问题，最高人民法院可以会同最高人民检察院联合制定司法解释；对于并非同时涉及审判工作和检察工作中具体应用法律的问题，最高人民法院不得会同最高人民检察院联合制定司法解释。

最高人民法院与最高人民检察院共同制定司法解释的工作，应当按照法律规定和双方协商一致的意见办理。

【说明】本条吸收《2007年规定》第七条，并作修改完善。从实践来看，“两高”联合制定司法解释较多，特别是在刑事司法解释领域。对此，各方存在不同看法。而且，根据法律规定，“两高”联合制定司法解释应当限于同时涉及审判工作和检察工作中具体应用法律问题的情形，对于其他情形不应联合制定司法解释。为此，本条专门作出适当规范。

《2007年规定》	《建议稿》
第七条　最高人民法院与最高人民检察院共同制定司法解释的工作，应当按照法律规定和双方协商一致的意见办理。	**第八条**　对于同时涉及审判工作和检察工作中具体应用法律的问题，最高人民法院可以会同最高人民检察院联合制定司法解释；对于并非同时涉及审判工作和检察工作中具体应用法律的问题，最高人民法院不得会同最高人民检察院联合制定司法解释。 最高人民法院与最高人民检察院共同制定司法解释的工作，应当按照法律规定和双方协商一致的意见办理。

第九条 司法解释立项、审核、协调等工作由最高人民法院研究室统一负责。

最高人民法院其他有关业务部门和地方人民法院应当配合最高人民法院研究室共同做好相关工作。

【说明】本条吸收《2007 年规定》第八条，并新增第二款规定，强调其他部门配合最高人民法院研究室共同做好司法解释相关工作的要求。

《2007 年规定》	《建议稿》
第八条 司法解释立项、审核、协调等工作由最高人民法院研究室统一负责。	**第九条** 司法解释立项、审核、协调等工作由最高人民法院研究室统一负责。 最高人民法院其他有关业务部门和地方人民法院应当配合最高人民法院研究室共同做好相关工作。

第二章 立项

【起草思路】进一步完善司法解释立项的相关规定，确保立项的司法解释切实解决审判工作中属于普遍的法律适用难题，确保司法解释的质量。

第十条 未经立项，不得制定司法解释。

【说明】本条吸收《2007 年规定》第九条，并作适当完善。考虑到实践中制定司法解释在前、增补立项在后的现象，专门调整相关表述。

《2007 年规定》	《建议稿》
第九条 制定司法解释，应当立项。	**第十条** 未经立项，不得制定司法解释。

第十一条 最高人民法院制定司法解释的立项来源：

（一）最高人民法院审判委员会提出制定司法解释的要求；

（二）最高人民法院领导关于制定司法解释的批示；

（三）最高人民法院各审判业务部门提出制定司法解释的建议；

（四）各高级人民法院、解放军军事法院提出制定司法解释的建议或者对法律应用问题的请示；

（五）全国人大代表、全国政协委员提出制定司法解释的议案、提案；

（六）有关国家机关、社会团体或者其他组织以及公民提出制定司法解释的建议；

（七）最高人民法院认为需要制定司法解释的其他情形。

基层人民法院和中级人民法院认为需要制定司法解释的，应当层报高级人民法院，由高级人民法院审查决定是否向最高人民法院提出制定司法解释的建议或者对法律应用问题进行请示。

高级人民法院向最高人民法院提出制定司法解释的建议或者对法律应用问题进行请示，应当经审判委员会审查决定，载明报请解释的问题、审判委员会意见，并附相关案例和材料。

【说明】本条吸收《2007年规定》第十条，并根据实践情况，将"最高人民法院领导关于制定司法解释的批示"增列为司法解释的立项来源。同时，针对个别高级人民法院未经审判委员会决定直接向最高人民法院请示的现象，增加第三款规定予以规范，要求高级人民法院向最高人民法院提出制定司法解释的建议或者对法律应用问题进行请示，应当经审判委员会审查决定，载明报请解释的问题、审判委员会意见，并附相关案例和材料。

《2007年规定》	《建议稿》
第十条 最高人民法院制定司法解释的立项来源： （一）最高人民法院审判委员会提出制定司法解释的要求； （二）最高人民法院各审判业务部门提出制定司法解释的建议； （三）各高级人民法院、解放军军事法院提出制定司法解释的建议或者对法律应用问题的请示； （四）全国人大代表、全国政协委员提出制定司法解释的议案、提案；	**第十一条** 最高人民法院制定司法解释的立项来源： （一）最高人民法院审判委员会提出制定司法解释的要求； （二）最高人民法院领导关于制定司法解释的批示； （三）最高人民法院各审判业务部门提出制定司法解释的建议； （四）各高级人民法院、解放军军事法院提出制定司法解释的建议或者对法律应用问题的请示； （五）全国人大代表、全国政协委员提出制定司法解释的议案、提案； （六）有关国家机关、社会团体或者其他组织以及公民提出制定司法解释的建议；

续表

（五）有关国家机关、社会团体或者其他组织以及公民提出制定司法解释的建议； （六）最高人民法院认为需要制定司法解释的其他情形。 基层人民法院和中级人民法院认为需要制定司法解释的，应当层报高级人民法院，由高级人民法院审查决定是否向最高人民法院提出制定司法解释的建议或者对法律应用问题进行请示。	（七）最高人民法院认为需要制定司法解释的其他情形。 基层人民法院和中级人民法院认为需要制定司法解释的，应当层报高级人民法院，由高级人民法院审查决定是否向最高人民法院提出制定司法解释的建议或者对法律应用问题进行请示。 高级人民法院向最高人民法院提出制定司法解释的建议或者对法律应用问题进行请示，应当经审判委员会审查决定，载明报请解释的问题、审判委员会意见，并附相关案例和材料。

第十二条　最高人民法院审判委员会要求制定司法解释的，由研究室直接立项。

对其他制定司法解释的立项来源，由研究室审查是否立项。

【说明】本条吸收《2007年规定》第十一条。

《2007年规定》	《建议稿》
第十一条　最高人民法院审判委员会要求制定司法解释的，由研究室直接立项。 对其他制定司法解释的立项来源，由研究室审查是否立项。	**第十二条**　最高人民法院审判委员会要求制定司法解释的，由研究室直接立项。 对其他制定司法解释的立项来源，由研究室审查是否立项。

第十三条　最高人民法院各审判业务部门拟制定“解释”、“规定”类司法解释的，应当于每年年底前提出下一年度的立项建议送研究室。

研究室汇总立项建议，草拟司法解释年度立项计划，经分管院领导审批后提交审判委员会讨论决定。

因特殊情况，需要增加或者调整司法解释立项的，有关部门提出建议，由研究室报分管院领导审批后报常务副院长或者院长决定。

【说明】本条吸收《2007年规定》第十二条。

《2007 年规定》	《建议稿》
第十二条 最高人民法院各审判业务部门拟制定“解释”、“规定”类司法解释的，应当于每年年底前提出下一年度的立项建议送研究室。 研究室汇总立项建议，草拟司法解释年度立项计划，经分管院领导审批后提交审判委员会讨论决定。 因特殊情况，需要增加或者调整司法解释立项的，有关部门提出建议，由研究室报分管院领导审批后报常务副院长或者院长决定。	**第十三条** 最高人民法院各审判业务部门拟制定“解释”、“规定”类司法解释的，应当于每年年底前提出下一年度的立项建议送研究室。 研究室汇总立项建议，草拟司法解释年度立项计划，经分管院领导审批后提交审判委员会讨论决定。 因特殊情况，需要增加或者调整司法解释立项的，有关部门提出建议，由研究室报分管院领导审批后报常务副院长或者院长决定。

第十四条 最高人民法院各审判业务部门拟对高级人民法院、解放军军事法院的请示制定批复的，应当及时提出立项建议，送研究室审查立项。

【说明】本条吸收《2007 年规定》第十三条。

《2007 年规定》	《建议稿》
第十三条 最高人民法院各审判业务部门拟对高级人民法院、解放军军事法院的请示制定批复的，应当及时提出立项建议，送研究室审查立项。	**第十四条** 最高人民法院各审判业务部门拟对高级人民法院、解放军军事法院的请示制定批复的，应当及时提出立项建议，送研究室审查立项。

第十五条 司法解释立项计划应当包括以下内容：立项来源，立项的必要性，需要解释的主要事项，司法解释起草计划，承办部门以及其他必要事项。

【说明】本条吸收《2007 年规定》第十四条。

《2007 年规定》	《建议稿》
第十四条 司法解释立项计划应当包括以下内容：立项来源，立项的必要性，需要解释的主要事项，司法解释起草计划，承办部门以及其他必要事项。	**第十五条** 司法解释立项计划应当包括以下内容：立项来源，立项的必要性，需要解释的主要事项，司法解释起草计划，承办部门以及其他必要事项。

第十六条 司法解释应当按照审判委员会讨论通过的立项计划完成。未能按照立项计划完成的，起草部门应当及时写出书面说明，由研究室报分管院领导审批后提交审判委员会决定是否继续立项。

【说明】本条吸收《2007年规定》第十五条。

《2007年规定》	《建议稿》
第十五条 司法解释应当按照审判委员会讨论通过的立项计划完成。未能按照立项计划完成的，起草部门应当及时写出书面说明，由研究室报分管院领导审批后提交审判委员会决定是否继续立项。	**第十六条** 司法解释应当按照审判委员会讨论通过的立项计划完成。未能按照立项计划完成的，起草部门应当及时写出书面说明，由研究室报分管院领导审批后提交审判委员会决定是否继续立项。

第三章　起草与报送

【起草思路】进一步完善司法解释的起草与报送程序，特别是：

1. 进一步完善调查研究工作。起草司法解释必须做好充分的调查研究，深入基层，深入实践，全面掌握情况，准确把握问题，广泛听取各方面的意见。

2. 进一步加强科学论证，尽最大努力集中全国法院和社会各界的法律智慧和司法经验，确保司法解释的质量和效果。

3. 进一步重视征求意见。征求意见是起草司法解释的重要环节，应当全面系统听取各方面对司法解释稿的意见。征求意见原则上按照以下顺序进行：（1）征求本院各单位意见；（2）征求各高级人民法院意见；（3）征求专家学者意见；（4）征求中央有关部委、政法有关单位以及相关行业管理部门、协会的意见；（5）征求全国人大及其常委会有关部门的意见。

4. 进一步完善公开征求社会意见的程序，特别是根据“互联网+”时代的新形势，做好网上征求意见的相关工作。

5. 进一步完善司法解释审核工作。对司法解释送审稿是否符合宪法、法律规定，是否超出司法解释权限，是否按照规定程序进行，是否充分、客观反映有关方面的主要意见，主要争议问题与解决方案是否明确等进行严格审核。

第十七条 司法解释起草工作由最高人民法院各审判业务部门负责。

涉及不同审判业务部门职能范围的综合性司法解释，由最高人民法院研究室负责起草或者组织、协调相关部门起草。

已经立项的司法解释，起草部门应当在三个月以内研究提出司法解释意见稿。对于重大、疑难、复杂的司法解释项目或者特殊情况的，起草部门报分管院领导审批后报常务副院长或者院长决定，可以适当延长起草时间。

【说明】本条吸收《2007年规定》第十六条，并新增第三款规定。实践中，不少司法解释的起草过程过于冗长，其中既有客观原因，也不乏主观原因。为了避免司法解释不成熟即立项或者立项后拖延时间过长的现象，本条第三款作出了相应规定。

《2007年规定》	《建议稿》
第十六条 司法解释起草工作由最高人民法院各审判业务部门负责。 涉及不同审判业务部门职能范围的综合性司法解释，由最高人民法院研究室负责起草或者组织、协调相关部门起草。	**第十七条** 司法解释起草工作由最高人民法院各审判业务部门负责。 涉及不同审判业务部门职能范围的综合性司法解释，由最高人民法院研究室负责起草或者组织、协调相关部门起草。 已经立项的司法解释，起草部门应当在三个月以内研究提出司法解释意见稿。对于重大、疑难、复杂的司法解释项目或者特殊情况的，起草部门报分管院领导审批后报常务副院长或者院长决定，可以适当延长起草时间。

第十八条 经分管院领导批准，最高人民法院各审判业务部门可以委托中央有关部门、地方人民法院或者有关高等院校、科研机构研究提出司法解释建议稿。

【说明】本条系新增条文，明确最高人民法院各审判业务部门可以委托中央有关部门、地方人民法院或者有关高等院校、科研机构研究提出司法解释建议稿。这一规定扩大了司法解释研究起草的主体，有利于充分调动中央有关部门、地方人民法院在司法解释制定工作中的积极性，充分利用有关高等院校、科研机构的专业资源和科研优势，增强司法解释的科学性、合理性。

而且，在一些刑事司法解释起草过程中，由提出司法解释建议的中央部门提供代拟稿已属惯例。

《2007年规定》	《建议稿》
	第十八条 经分管院领导批准，最高人民法院各审判业务部门可以委托中央有关部门、地方人民法院或者有关高等院校、科研机构研究提出司法解释建议稿。

第十九条 起草司法解释，应当深入调查研究，认真总结审判实践经验，广泛征求意见。

司法解释应当征求有关机关以及地方人民法院、最高人民法院有关业务部门以及相关专家学者的意见。

涉及人民群众切身利益或者重大疑难问题的司法解释，经分管院领导审批后报常务副院长或者院长决定，可以通过互联网、报刊等媒体向社会公开征求意见。

【说明】本条吸收《2007年规定》第十七条，并作修改完善，进一步明确司法解释应当征求有关机关以及地方人民法院、最高人民法院有关业务部门以及相关专家学者的意见，并强调通过互联网向社会公开征求意见。上述修改明确了司法解释征求意见的范围，有利于在司法解释制定过程中发扬民主，集思广益，群策群力，广泛听取各方面的意见，倾听人民群众呼声，回应人民群众关切，促进司法解释工作公开化、民主化，切实提高司法解释质量。

《2007年规定》	《建议稿》
第十七条 起草司法解释，应当深入调查研究，认真总结审判实践经验，广泛征求意见。 涉及人民群众切身利益或者重大疑难问题的司法解释，经分管院领导审批后报常务副院长或者院长决定，可以向社会公开征求意见。	**第十九条** 起草司法解释，应当深入调查研究，认真总结审判实践经验，广泛征求意见。 司法解释意见稿应当征求有关机关以及地方人民法院、最高人民法院有关业务部门以及相关专家学者的意见。 涉及人民群众切身利益或者重大疑难问题的司法解释，经分管院领导审批后报常务副院长或者院长决定，可以通过互联网、报刊等媒体向社会公开征求意见。

第二十条　司法解释送审稿应当送全国人民代表大会相关专门委员会或者全国人民代表大会常务委员会相关工作部门征求意见。

对于全国人民代表大会相关专门委员会或者全国人民代表大会常务委员会相关工作部门提出的意见，应当作为重点内容向审判委员会作出说明。

【说明】本条吸收《2007 年规定》第十八条，并新增第二款规定，强调必须就立法机关相关工作部门研提意见作出专门说明，以将主动接受监督的原则落到实处。切实防止司法解释稿与立法机关意见不一致的情形出现。

《2007 年规定》	《建议稿》
第十八条　司法解释送审稿应当送全国人民代表大会相关专门委员会或者全国人民代表大会常务委员会相关工作部门征求意见。	**第二十条**　司法解释送审稿应当送全国人民代表大会相关专门委员会或者全国人民代表大会常务委员会相关工作部门征求意见。 对于全国人民代表大会相关专门委员会或者全国人民代表大会常务委员会相关工作部门提出的意见，应当作为重点内容向审判委员会作出说明。

第二十一条　至迟在司法解释送审稿提交审判委员会讨论前一个半月，起草部门应当将送审稿及其说明送研究室审核。

司法解释送审稿及其说明包括：立项计划、调研情况报告、征求意见情况、分管副院长对是否送审的审查意见、主要争议问题和相关法律、法规、司法解释以及其他相关材料。

研究室不得就已提请审判委员会讨论的司法解释送审稿进行审核。

【说明】本条吸收《2007 年规定》第十九条。为了防止司法解释送审稿审核走过场，第一款明确规定应当在审委会审议前一个半月送研究室审核，以确保审核程序真正发挥作用。此外，为了切实防止先提请审判委员会讨论再要求研究室补充审核的现象发生，专门增加第三款规定。

《2007 年规定》	《建议稿》
第十九条 司法解释送审稿在提交审判委员会讨论前，起草部门应当将送审稿及其说明送研究室审核。 司法解释送审稿及其说明包括：立项计划、调研情况报告、征求意见情况、分管副院长对是否送审的审查意见、主要争议问题和相关法律、法规、司法解释以及其他相关材料。	**第二十一条** 至迟在司法解释送审稿提交审判委员会讨论前一个半月，起草部门应当将送审稿及其说明送研究室审核。 司法解释送审稿及其说明包括：立项计划、调研情况报告、征求意见情况、分管副院长对是否送审的审查意见、主要争议问题和相关法律、法规、司法解释以及其他相关材料。 研究室不得就已提请审判委员会讨论的司法解释送审稿进行审核。

第二十二条 研究室主要审核以下内容：

（一）是否符合宪法、法律规定；

（二）是否超出司法解释权限；

（三）是否与相关司法解释重复、冲突；

（四）是否按照规定程序进行；

（五）提交的材料是否符合要求；

（六）是否充分、客观反映有关方面的主要意见；

（七）主要争议问题与解决方案是否明确；

（八）其他应当审核的内容。

研究室应当在一个月内提出审核意见。

【说明】本条吸收《2007 年规定》第二十条。

《2007 年规定》	《建议稿》
第二十条 研究室主要审核以下内容： （一）是否符合宪法、法律规定； （二）是否超出司法解释权限； （三）是否与相关司法解释重复、冲突； （四）是否按照规定程序进行； （五）提交的材料是否符合要求；	**第二十二条** 研究室主要审核以下内容： （一）是否符合宪法、法律规定； （二）是否超出司法解释权限； （三）是否与相关司法解释重复、冲突； （四）是否按照规定程序进行； （五）提交的材料是否符合要求；

续表

《2007 年规定》	《建议稿》
（六）是否充分、客观反映有关方面的主要意见； （七）主要争议问题与解决方案是否明确； （八）其他应当审核的内容。 研究室应当在一个月内提出审核意见。	（六）是否充分、客观反映有关方面的主要意见； （七）主要争议问题与解决方案是否明确； （八）其他应当审核的内容。 研究室应当在一个月内提出审核意见。

第二十三条　研究室认为司法解释送审稿需要进一步修改、论证或者协调的，应当会同起草部门进行修改、论证或者协调。未能形成一致意见的，起草部门应当向审判委员会作出说明。

【说明】本条吸收《2007 年规定》第二十一条。同时，为避免实践中业已存在的对审核意见不采纳也不说明的现象，专门增加规定“未能形成一致意见的，起草部门应当向审判委员会作出说明”。

《2007 年规定》	《建议稿》
第二十一条　研究室认为司法解释送审稿需要进一步修改、论证或者协调的，应当会同起草部门进行修改、论证或者协调。	**第二十三条**　研究室认为司法解释送审稿需要进一步修改、论证或者协调的，应当会同起草部门进行修改、论证或者协调。未能形成一致意见的，起草部门应当向审判委员会作出说明。

第二十四条　研究室对司法解释送审稿审核形成草案后，由起草部门报分管院领导和常务副院长审批后提交审判委员会讨论。

对于较为重大的司法解释，在提请审判委员会审议前，可以征求有关审判委员会委员的意见。

【说明】本条吸收《2007 年规定》第二十二条。同时，为增强审判委员会审议司法解释的实效，避免走过场，专门增加第二款规定。

《2007 年规定》	《建议稿》
第二十二条 研究室对司法解释送审稿审核形成草案后，由起草部门报分管院领导和常务副院长审批后提交审判委员会讨论。	**第二十四条** 研究室对司法解释送审稿审核形成草案后，由起草部门报分管院领导和常务副院长审批后提交审判委员会讨论。 对于较为重大的司法解释，在提请审判委员会审议前，可以征求有关审判委员会委员的意见。

第四章　审议

【起草思路】将《2007 年规定》的章标题“讨论”调整为“审议”，完善司法解释的审议程序，进一步提升司法解释质量。

第二十五条　最高人民法院审判委员会应当在司法解释草案报送之次日起三个月内进行讨论。逾期未讨论的，审判委员会办公室应当报常务副院长批准延长。

【说明】本条吸收《2007 年规定》第二十三条。经研究认为，对于逾期未讨论的司法解释草案，审判委员会办公室“应当”而非“可以”报常务副院长批准延长。因此，作出相应调整。

《2007 年规定》	《建议稿》
第二十三条 最高人民法院审判委员会应当在司法解释草案报送之次日起三个月内进行讨论。逾期未讨论的，审判委员会办公室可以报常务副院长批准延长。	**第二十五条** 最高人民法院审判委员会应当在司法解释草案报送之次日起三个月内进行讨论。逾期未讨论的，审判委员会办公室应当报常务副院长批准延长。

第二十六条　司法解释草案经审判委员会讨论通过的，由院长或者常务副院长签发。

司法解释草案经审判委员会讨论原则通过的，由起草部门会同研究室根据审判委员会讨论决定进行修改，报分管副院长审核后，由院长或者常务副院长签发。

审判委员会讨论认为制定司法解释的条件尚不成熟的，可以决定进一步论证、暂缓讨论或撤销立项。

【说明】本条吸收《2007年规定》第二十四条。

《2007年规定》	《建议稿》
第二十四条 司法解释草案经审判委员会讨论通过的，由院长或者常务副院长签发。 司法解释草案经审判委员会讨论原则通过的，由起草部门会同研究室根据审判委员会讨论决定进行修改，报分管副院长审核后，由院长或者常务副院长签发。 审判委员会讨论认为制定司法解释的条件尚不成熟的，可以决定进一步论证、暂缓讨论或撤销立项。	**第二十六条** 司法解释草案经审判委员会讨论通过的，由院长或者常务副院长签发。 司法解释草案经审判委员会讨论原则通过的，由起草部门会同研究室根据审判委员会讨论决定进行修改，报分管副院长审核后，由院长或者常务副院长签发。 审判委员会讨论认为制定司法解释的条件尚不成熟的，可以决定进一步论证、暂缓讨论或撤销立项。

第五章 发布、施行与备案

【起草思路】进一步完善司法解释的发布、施行与备案程序，特别是进一步完善实施效果的评估工作，对司法解释实施的法律效果和社会效果进行评估。

第二十七条 司法解释以最高人民法院公告形式发布。

司法解释应当在《最高人民法院公报》和《人民法院报》刊登。

司法解释自公告发布之日起施行，但司法解释另有规定的除外。

【说明】本条吸收《2007年规定》第二十五条。

《2007年规定》	《建议稿》
第二十五条 司法解释以最高人民法院公告形式发布。 司法解释应当在《最高人民法院公报》和《人民法院报》刊登。 司法解释自公告发布之日起施行，但司法解释另有规定的除外。	**第二十七条** 司法解释以最高人民法院公告形式发布。 司法解释应当在《最高人民法院公报》和《人民法院报》刊登。 司法解释自公告发布之日起施行，但司法解释另有规定的除外。

第二十八条 司法解释应当自发布之日起三十日内报全国人民代表大会

常务委员会备案。

备案报送工作由办公厅负责，其他相关工作由研究室负责。

【说明】本条吸收《2007 年规定》第二十六条。

《2007 年规定》	《建议稿》
第二十六条 司法解释应当自发布之日起三十日内报全国人民代表大会常务委员会备案。 备案报送工作由办公厅负责，其他相关工作由研究室负责。	**第二十八条** 司法解释应当自发布之日起三十日内报全国人民代表大会常务委员会备案。 备案报送工作由办公厅负责，其他相关工作由研究室负责。

第二十九条 司法解释施行后，人民法院作为裁判依据的，应当在司法文书中援引。

人民法院同时引用法律和司法解释作为裁判依据的，应当先援引法律，后援引司法解释。

【说明】本条吸收《2007 年规定》第二十七条。

《2007 年规定》	《建议稿》
第二十七条 司法解释施行后，人民法院作为裁判依据的，应当在司法文书中援引。 人民法院同时引用法律和司法解释作为裁判依据的，应当先援引法律，后援引司法解释。	**第二十九条** 司法解释施行后，人民法院作为裁判依据的，应当在司法文书中援引。 人民法院同时引用法律和司法解释作为裁判依据的，应当先援引法律，后援引司法解释。

第三十条 最高人民法院对地方各级人民法院和专门人民法院在审判工作中适用司法解释的情况进行监督。上级人民法院对下级人民法院在审判工作中适用司法解释的情况进行监督。

最高人民法院可以组织对有关司法解释的执行情况和施行效果进行评估。评估情况应当报告分管院领导，必要时可以向审判委员会报告。

【说明】本条吸收《2007 年规定》第二十八条。同时，增加了第二款司法解释评估程序。长期以来在司法解释工作中，我们比较重视司法解释的研究起草工作，而对司法解释公布后的执行情况以及施行后的法律效果、社会效果关注不够。有鉴于此，亟须建立司法解释评估机制，对公布施行的司法解释适时进行“回访”和“体检”，既能够及时了解掌握司法解释执行情况和施行效果，推动司法解释质量的提升，也能够督促指导各级人民法院正确适用司法解释，统一法律适用标准，规范司法行为。

《2007 年规定》	《建议稿》
第二十八条 最高人民法院对地方各级人民法院和专门人民法院在审判工作中适用司法解释的情况进行监督。上级人民法院对下级人民法院在审判工作中适用司法解释的情况进行监督。	**第三十条** 最高人民法院对地方各级人民法院和专门人民法院在审判工作中适用司法解释的情况进行监督。上级人民法院对下级人民法院在审判工作中适用司法解释的情况进行监督。 最高人民法院可以组织对有关司法解释的执行情况和施行效果进行评估。评估情况应当报告分管院领导，必要时可以向审判委员会报告。

第六章 清理与编撰

【起草思路】将《2007 年规定》的章标题“编纂、修改、废止”调整为“清理与编撰”。具体而言，进一步完善司法解释的清理与编撰程序，特别是要明确司法解释清理与编撰主体和具体操作流程，促使司法解释的清理与编撰工作常态化和制度化。

第三十一条 法律制定、修改、废止后，相关司法解释与法律规定相矛盾的内容自动失效；最高人民法院对相关司法解释应当及时予以修改或者废止。

司法解释需要修改、废止的，参照司法解释制定程序的相关规定办理，由审判委员会讨论决定。

制定新的司法解释，以往司法解释不再适用或者部分不再适用的，应当在新的司法解释中予以明确规定。

【说明】本条在《2007年规定》第三十条规定的基础上作了较大幅度的修改和完善，明确了新旧司法解释的关系。而且，条文所涉及的修改内容在实践中已属惯例。

《2007年规定》	《建议稿》
第三十条 司法解释需要修改、废止的，参照司法解释制定程序的相关规定办理，由审判委员会讨论决定。	**第三十一条** 法律制定、修改、废止后，相关司法解释与法律规定相矛盾的内容自动失效；最高人民法院对相关司法解释应当及时予以修改或者废止。 司法解释需要修改、废止的，参照司法解释制定程序的相关规定办理，由审判委员会讨论决定。 制定新的司法解释，以往司法解释不再适用或者部分不再适用的，应当在新的司法解释中予以明确规定。

第三十二条 最高人民法院应当定期对司法解释进行清理，并对现行有效的司法解释进行编撰。司法解释清理参照司法解释制定程序的相关规定办理。

司法解释的编纂由审判委员会决定，具体工作由研究室负责，各审判业务部门参加。

【说明】本条吸收《2007年规定》第二十九条规定，并增加第一款规定，明确了司法解释清理的相关问题。

《2007年规定》	《建议稿》
第二十九条 司法解释的编纂由审判委员会决定，具体工作由研究室负责，各审判业务部门参加。	**第三十二条** 最高人民法院应当定期对司法解释进行清理，并对现行有效的司法解释进行编撰。司法解释清理参照司法解释制定程序的相关规定办理。 司法解释的编纂由审判委员会决定，具体工作由研究室负责，各审判业务部门参加。

第三十三条 本规定自××××年××月××日起施行。《最高人民法院关于司法解释工作的规定》（法发〔2007〕12号）同时废止；此前发布的司法解释和规范性文件与本解释不一致的，以本解释为准。

【说明】本条明确了时间效力。

《2007年规定》	《建议稿》
第三十一条 本规定自2007年4月1日起施行。1997年7月1日发布的《最高人民法院关于司法解释工作的若干规定》同时废止。	**第三十三条** 本规定自××××年××月××日起施行。《最高人民法院关于司法解释工作的规定》(法发〔2007〕12号)同时废止;此前发布的司法解释和规范性文件与本解释不一致的,以本解释为准。

项目申报书主要内容

一、课题设计论证

（一）研究状况和选题价值

1. 本课题研究状况综述。

按照我国宪法和法律的规定，立法权由全国人大及其常委会行使，最高人民法院的权力是依照法律审判案件，对于具体应用法律中的问题，有权作出解释，但应当主要针对具体的法律条文，并符合立法的目的、原则和原意。按照这一制度安排，最高人民法院有制定司法解释的权限，且正如有关研究所指出的，最高人民法院的司法解释曾经对于审判工作发挥了巨大作用，并在当前影响依然十分重大。自20世纪90年代中期开始，我国最高人民法院司法解释，由于在体制、形式、效力和适用等诸多方面都形成了区别于其他国家的独特制度现象，因此受到国内外法律研究者的普遍关注。

现有的研究认为，最高人民法院司法解释是一种机关解释，而不是大多数西方国家所言的法官解释。并且，由于我国法律解释形成了以全国人大为监督机关、以全国人大常委会为最高主导的各类各级国家机关分工与合作的解释体系，包括立法解释、司法解释和行政解释；仅就司法解释而言，又是最高人民法院和最高人民检察院的分工与合作解释体系，因此最高人民法院司法解释并非对法律的最终解释。从形式上来看，最高人民法院司法解释包括“解释”“规定”“批复”和“决定”四种形式，这其中既有最高人民法院的批复类解释，即针对下级法院就法律个案中如何适用问题的请示所作的解释；也有最高人民法院的规范性解释，即针对审判工作中如何具体应用某一法律或者对某一类案件、某一类问题如何应用法律所作的解释。规范性解释通常被冠以“抽象解释”之名，由于它与立法形式并无二致，因此还被或褒或贬地称为“准立法”（或“二次立法”）。从效力上来看，最高人民法院司法解释的法律效力缺乏宪法和法律依据，尽管《最高人民法院关于司法解释工作的规定》（法发〔2007〕12号，以下简称《2007年规定》）第5条规定：“最高人民法院发布的司法解释，具有法律效力。”但是，这属于法院系统的内部规定，只能证明司法解释具有普遍司法效力——它对案件及其案件当事人具有客观实在的拘束力，对于案件以外的人及其行为和事件虽然具有潜在的巨大影响力，但不是普遍的法律拘束力。从适用上来看，尽管最高人民法院司法解释自新中国成立以来就是各级法院和法官办案的直接依据，但是时至今日司法解释在裁判文书中的引用率并不高，这与司法解释兴盛的状况极不协调。此外，司法解释在适用过程中与相关立法以及其他解释性文件之间存在着冲突。

由此可见，尽管理论界和实务界对司法解释这一问题越来越关注，但其关注的视角主要是其合法性问题，即一个什么样的司法解释才是符合我国现行宪法和法律规定的。

2. 对已有相关代表性成果及观点做出科学、客观、切实的分析评价，说明可进一步探讨、发展或突破的空间，具体阐明本选题相对于已有研究的独到学术价值、应用价值和社会意义。

目前对司法解释的研究有两种基本观点：一种是对司法解释应保持警惕和观望的态度，指出了司法解释理论和实践上的一些问题，已经触及立法和司法权力配置结构问题；另一种主要观点则从国情出发，认为司法解释的制发具有实践合理性，因而对司法解释心怀期盼并寄予厚望。这些褒贬不一的态度恰恰透露出我国法治建设的复杂性与艰巨性。但在我们看来，第一，现有的研究关注的视角过于宏观，其关注的是“司法解释”这个语词的合法性问题，质疑者往往认为，目前“司法解释”这一事物超越了其作为“解释”应当具有的权限，而支持者其实也默认了质疑者的这一预设，但只是从司法实践的需要角度出发，认为如果严格按照宪法和法律规定的要求，不利于司法实践的运作。正反两方面的研究都未能意识到，司法解释同样不是一个固化的事物，在最高人民法院颁布的诸多司法解释中，哪些是“解释”，哪些不是“解释”本就需要细致的考察，因此即使“解释”本身有明确的含义，大而化之的研究也无法对司法解释合法与否、正当与否给出一个明确的界定。第二，“解释”的含义同样是不牢靠的。国外一些研究已经指出，法官对于法律的解释其实就是“造法”，但法官的“造法”和立法机关的立法仍然是有根本区别的，所以即使最高人民法院制定了抽象的司法解释，在一定程度上扩张了对现行法律的理解，其是否就不符合宪法和法律的本意仍值得探讨，换言之，宪法和法律关于立法权限的规定是否也有“解释”问题？第三，尽管有所触及，但现有的研究仍仅仅将焦点集中在司法解释本身上，除了极个别研究外，基本没有对司法解释与立法解释之间的实践运作进行研究，没有对最高人民法院的司法解释和最高人民检察院的司法解释之间的关联进行研究，更没有对立法和司法解释的关系进行细致的考察，没有认真地回答，为何司法解释曾经，并在当今仍在发挥巨大的作用和影响。虽然“存在即合理”并不一定正确，但如果我们没有对存在给予充分的“同情的理解”，又如何能够在实践的基础上给予批判？第四，现有的研究同样忽视了另外一些可能更为重要的问题，如最高人民法院的指导性案例问题的效力问题，其裁判要旨是否也同样是司法解释？再如，司法解释的启动程序、制定过程如何？又如，对于司法审判中的疑难复杂问题，倾向性的意见是要统一法律尺度，因此需要司法解释，甚至最好是立法给予明确的说法，但这一思路是否正确，是否所有的疑难复杂问题最终的解决都要上升为司法解释甚至立法，进而，哪些司法解释需要写入立法，哪些司法解释不需要。

这也由此引发了一个新的问题。现有支持司法解释合法性的研究有一个理论预设，那就是司法解释的存在是基于现实审判需要，基于国情而存在的。如果是这样，那么随着我国立法越来越完善，是否司法解释的空间会越来越小，至少民事诉讼法、刑事诉讼法司法解释这种大部头的司法解释就没有存在的必要了？再者，司法解释的权限被赋予最高人民法院，地方法院不能制定类似司法解释的意见，那么如何看待基层司法审判统一司法尺度的需要和这一规定之间的矛盾，等等。

无论如何，最高人民法院司法解释作为我国法律统一适用机制的主要内容和基本方式，在政治、法律和社会层面都发挥着重要作用，因此，只有持续地关注和研究，才能为我国法治建设注入持久性的推进力。我们在本课题中，从实证的角度出发，以运行机制为视角考察最高人民法院司法解释的理论和实践问题，试图回应上述理论空白。首先，我们将细致地考察我国立法权和司法权的配置结构，不仅从法律文本出发，更从实践出发，不仅包括了立法实践，也包括了司法实践，我们将认真面对司法解释存在的现实基础。其次，我们将更加微观而具体地考察司法解释的形成过程，描述其立项、起草、直至审议、发布和适用，在实证描述的过程中，指出其中存在的问题。再次，我们将考察最高人民法院的司法解释与最高人民检察院司法解释的关系问题，同样，不仅是文本上的，也是实践上的。作为重点，我们将考察“联合发文”这一现象，努力指出其中的理论意味。又次，我们将研究类司法解释的答复、批复、指导性案例以及地方法院的各种规范性意见。最后，我们将在实证研究的基础上，回归到理论层面，探讨法律解释问题本身，并力图对我国立法和司法的关系作出更具开拓性的理解，并提出相关建议。相信本研究成果将对推动司法解释工作，推动立法与司法的良性互动，推动法治国家进程，具有重要的理论意义和现实价值。

（二）总体框架和预期目标

1. 关于本课题内含的总体问题、研究对象和主要内容，总体研究框架和子课题构成，子课题与总课题之间、子课题相互之间的内在逻辑关系。

研究本课题的核心，即总体问题、研究对象和主要内容，就是解决司法解释的正当性问题。其中包括内容的正当性和程序的正当性。在严肃面对实际问题的前提和基础下，彻底研究清楚我国司法解释的性质、特征、功能，研究清楚“两高”制定司法解释的必要性、可行性和合法性，然后对司法解释制定的实务进行总体评价，对存在的问题进行梳理，分析清楚产生问题的原因。在这个基础上，研究我国司法解释的模式选择，重点对如何规范和发展我国的司法解释提出发展完善的建议。此外，对司法解释的实务案例进行梳理研究，对今后的司法解释工作进行指导。课题要解决的总体问题和各个子课题之间的关系是总体和一般的关系，四个子课题之间是互相衔接、互相补充的关系，遥相呼应成为一个整体。

具体包括四个层次：

第一，司法解释的性质、功能，实务总体评价和存在问题的研究；

第二，司法解释的模式选择研究；

第三，司法解释的规范和发展完善研究；

第四，司法解释的实务案例研究。

2. 关于本课题研究在学术思想理论、学科建设发展、资料文献发现利用等方面的预期目标

（1）在学术思想理论方面，为司法解释的发展和完善理论准备，建立学术探讨的基础平台；吸收最新的理论成果，实现理论和司法实践的有机结合，形成建设性观点。

（2）在学科建设发展方面，为民法、刑法、行政法、环境与资源保护法学、诉讼法等各个学科的教学和科学研究提供基本范本；形成司法解释研究的创新团队，长期连续关注司法动态，致力于司法解释的长期研究和发展完善。

（3）在资料文献发现利用方面，尽可能收集来自国内外的最新、最权威、最全面的文献资料；注重司法一线调研，掌握第一手调研资料，充分了解司

法实务中司法工作者对司法解释的运用和发展完善建议。课题组求真务实、团结合作，资源共享，使有价值的资料得以充分利用。

（三）研究思路和研究方法

1. 关于本课题的总体思路、研究视角和研究路径，具体阐明研究思路的学理依据、科学性和可行性。

本课题研究的总体思路，就是坚持问题意识，问题导向，从我国的实际出发，发现问题，解决问题，提出解决我国司法解释存在问题的完善方案。

本课题的研究视角，就是在坚持司法解释的现行法律地位的前提下，着眼于发展和完善，解决现实存在的问题，进而提出解决的办法。

本课题研究的路径就是理论和实践紧密结合，国际经验和国内经验紧密结合，中央经验和地方经验紧密结合，以及文本和实证紧密结合。在分析问题的基础上，提出改进的建议。

研究本课题的学理依据，就是解决司法解释的正当性问题。其中包括内容的正当性和程序的正当性。

为了研究的方便，具体包括四个层次：

第一，司法解释的性质、功能，实务总体评价和存在问题的研究；

第二，司法解释的模式选择研究；

第三，司法解释的规范和发展完善研究；

第四，司法解释的实务案例研究。

从以上可以看出，本课题的研究思路，具有足够的科学性和可行性。

2. 研究方法

第一，大数据的研究方法。全力运用互联网时代的技术优势，充分挖掘大数据分析的优势，充分发挥各级人民法院信息公开的、案例上网的宝贵的历史性机遇，充分发挥广大法官的积极性和主动性，充分发挥广大法官、检察官、律师、广大立法工作者和政府法制工作机构的协同优势，为开展新时期司法解释的研究，提供强大的分析武器。

第二，历史研究法。对司法解释进行历史的分析与未来的展望，厘清司法解释的来龙去脉，了解司法解释的发展动向。司法解释虽有鲜明的时代性，但又有明显的继承性，因此，研究以往司法解释对同一问题的规定，有助于理解现行司法解释的精神。司法解释总是在一定的背景下制定的，了解制定司法解释的背景，有利于把握现行司法解释的精神；司法解释具有相对的稳定性，一经制定就要在相当长的时期内实施，因此，分析国家未来的形势与发展需要，有利于使司法解释适用于现在与未来。

第三，案例研究法。运用典型实务案例研究司法解释。司法解释的实践性相当强，司法解释只有在具体运用中才能得到检验、丰富和发展。运用案例研究法，是理论联系实际的良好途径。运用典型案例研究司法解释，既可以更加牢固地掌握司法解释理论，也可以检验司法解释实践的正确性，还可以通过疑难、复杂案例去发展司法解释，因为疑难案件往往促使法律学者对法律规定作出新的解释。在运用案例研究法时，不仅要以典型案例阐释法律的基本理论，而且要以特别案例证实各种学说的利与弊，以疑难案例反思现有理论，以新类型案例思考司法解释的制定趋势，从判决中抽象出一般规则。此外，还应当从具体判决中总结司法的动态，评析判决的得失。

第四，注释研究法。对法律条文、司法解释进行文理分析、解释，使法律的意义得以明确，也称分析研究法。法律的研究在很大程度上是对现行法律条文所作的分析与解释，但这种分析与解释有可能脱离具体的案件事实。

第五，哲学研究法。运用法哲学原理分析法律规范与案件事实。法哲学有各种流派，但各种流派的观点未必是完全对立的。研究者的心中必须始终怀有一部自然法，以追求正义的良心解释法律文本；研究者必须遵循法定主义，在成文法律的文字可能具有的含义内得出结论；研究者必须充分注意自己的解释结论可能产生的各种效果，避免得出落后于时代的结论。

第六，比较研究法。对不同国家的司法解释实践和不同时期的本国司法解释理论与实践进行比较研究，剖析优劣，评述利弊，从而吸取精华、排除糟粕。不同国家的解释体制，虽然性质与内容不同或不完全相同，但在许多规定上却有相同或相似之处，对它们进行比较研究，找出可供本国借鉴的法律文化成果，有利于本国司法解释理论与实践的发展。对本国不同时期的司法解释进行比较研究，弄清司法解释在不同时期有不同规定的原因，有助于我们对现行司法解释的认识。当然，不管是对不同国家解释制度的比较，还是对不同时期本国司法解释的比较，都应立足于本国的现实，本着洋为中用、古为今用的原则，正确对待其他国家及本国过去的司法解释的理论与实践。

第七，社会学研究法。对司法解释与社会现象的关系、司法解释的社会作用与效果进行考察，使司法解释理论与社会发展相协调。司法解释不是孤立存在的，而是与其他社会现象并存在一起的，因此，必须在各种社会现象中研究司法解释，使司法解释理论与社会发展相适应。司法解释具有改革与维护社会关系的作用与效果，因此，研究司法解释就必须把握社会现状，明确哪些制度需要改革、哪些法益需要维护，从而使司法解释的理论、实践与社会发展相协调，并且促进社会的发展。如果对司法解释进行孤立的研究，就可能得出阻碍社会发展的结论。

问题的解决，不仅在于结论本身，还在于得出结论的方法。多样的、科学的、恰当的研究方法可以为司法解释的理论与实践研究提供技术性的指导，为司法解释的理论与实践研究得出科学可靠的研究结论奠定技术基础。

（四）重点难点和创新之处

1. 关于本课题拟解决的关键性问题和重点难点问题，分别阐述提炼这些问题的理由和依据。随着我国特色社会主义法律体系的形成，我国的司法解释制度也面临着新情况、新问题，有的问题受到法学界和社会有关方面的质疑。通过搜集整理，发现当前司法解释存在的主要问题，同时也是本课题研究的关键性问题和重点难点问题，具体如下：

第一，司法解释与立法解释的界限模糊。全国人大常委会有关决议和《人民法院组织法》确立了立法解释与司法解释并存的法律解释体制以及“二元一级”的司法解释格局。《立法法》第45条规定，法律解释权属于全国人大常委会，法律规定需要进一步明确具体含义的由其解释。然而，在实践中，所有的法律都由全国人大常委会作出立法解释显然不现实，由此形成立法解释与司法解释界限划分模糊、解释方式雷同的局面。几十年来，司法解释不仅在数量上远远多于立法解释，而且有立法化倾向，尤其是司法解释中的“解释”“规定”两种形式具有明显的一般性、抽象性和立法化特征。有的司法解释超出法律本义，有僭越立法权之嫌。例如，《最高人民法院关于审理黑社会性质组织犯罪的案件具体应用法律若干问题的解释》，其加入“保护伞”等刑法条文中没有规定的内容。司法解释立法化的原因之一是立法解释机关没有充分行使立法解释职权；另一个重要的原因则是对立法解释与司法解释的划分界限模糊不清。尽管已经规定了二者的界限，但是正如一些学者指出的，“进一步明确界限”与“具体应用”，二者实质上很难作明确的区分。

第二，司法解释的法律地位不明确。司法解释在我国法治建设中的重要作用众所周知，在审判实践中也作为审判依据。然而，司法解释制度作为一项具有中国特色的重要司法制度，其规定散见于前述决议、法院组织法、人大常委会监督法等法律中，缺乏专门而系统的规定；比较详细的规定是“两高”制定的有关司法解释工作的规范性文件，但法律效力层级不高，致使产生是在司法工作中普遍有效还是在本系统内部有效的争议。

第三，司法解释的启动机制和程序有待完善。实践中一些司法解释仍存在“两高”与行政机关联合解释的问题。行政机关没有司法解释权，其参与司法解释多出于部门工作需要，实质是借助司法手段实现行政管理合法化目的，其后果不仅造成司法解释主体的实际扩散，而且容易造成司法权与行政权的混淆，不利于司法公信的树立。同时，司法解释的启动还存在一定的随意性，往往为应急而临时启动，缺乏或没有执行立项、论证、审核、备案等程序，尤其在配合各类专项整顿和治理活动中更为明显，影响了司法解释质量，损害了法律的稳定性和法治的权威性。

第四，司法解释的抽象化和条文化倾向明显。在实践中，有的司法解释的内容过于抽象，缺乏具体解释对象，被学者称为“放空炮”“无的放矢”；有的司法解释过于追求体系化、条文化。例如，《刑事诉讼法》和《民事诉讼法》的司法解释条文往往比法典条文还多。司法解释对某一法律作系统解释，许多内容并非解释，或是创制规则；有的并非对具体应用法律的解释而是内部的工作流程、细则等，造成法律解释资源的浪费。新中国成立后相当长的一段时期内，法律馈乏，尤其是改革开放后法律的供给不能满足经济社会快速发展的需要，客观上不得不以抽象而体系化的司法解释满足审判工作需要，这在过去是理所当然的。然而，社会主义法律体系形成后，这种过分追求全面性、体系化的司法解释就显得有些不合时宜了。

第五，个别司法解释质量有待提高。司法解释绝大多数都是基于现实的迫切需要，在深入调研论证和充分征求意见的基础上制定的，质量和效果都比较好。但是，个别司法解释确实存在一些质量问题。例如，某个别司法解释在内容上与法律不协调，甚至违反立法本意；对同一问题有不同解释，互不协调，甚至冲突；规定不够明确具体，缺乏可操作性，甚至自身还需要进一步解释；个别条款解释不当，社会效果不好。

第六，关于司法解释的话语权问题。现在，社会上的一些人士，在说到司法解释的问题时，总是在抹黑最高人民法院的司法解释工作。认为最高人民法院有着随意解释法律的“冲动”，动辄说最高人民法院有着随意篡改法律的“嗜好”，说最高人民法院在搞“二次立法”。这些都是不客观、不正确的说法。所以，本次研究的成果，就是要争取司法解释正当性的话语权。最高人民法院按照法律的规定，为了解决司法实践中存在的问题，顶着各种压力，克服重重困难开展工作，应当充分肯定才是。因此，最高人民法院就是要理直气壮地按照法律的规定开展司法解释，就是要正确地论证司法解释的正当性。这方面的话语权，一定要争取过来。当然，对于存在的问题，还是要认真加以解决克服的。

2. 关于本课题研究在问题选择、学术观点、研究方法、分析工具、文献资料、话语体系等方面的突破、创新或推进之处。

第一，研究方法创新。本次研究将对最高人民法院和最高人民检察院的的重要司法解释，进行有针对性的分析和点评，进行后评估。为最高人民法院和其他有关方面的司法解释工作，提出解决问题的具体方法。

第二，分析工具创新。运用大数据的分析工具，帮助开展分析司法解释存在的问题，这是顺应时代要求，与时俱进的有效创新。

第三，研究目标创新。将司法解释的理论与实践相结合，立足中国本土司法实践，不仅解决当下司法解释的理论与实践问题，而且从长远上推进我国司法解释体制改革。

第四，研究定位创新。将研究重点放在司法解释的理论误区、实践误区及误区产生的根源上。只有切实发现我国司法解释理论与实践中出现的问题，才能对症下药。

第五，研究成果创新。既注重司法解释实践中应急性、实务性的重点问题，又着力探索正确的司法解释理念，构筑司法解释原则，为司法解释实践提供理论指导。具体包括：

一是尽可能明确司法解释与立法解释的界限；二是明确司法解释的法律地位；三是完善司法解释的启动机制和程序；四是坚持司法解释的具体化原则；五是进一步提高司法解释质量。进一步提高司法解释质量，应从司法解释的立项、调研、论证、起草、征求意见、修改、讨论决定等环节做起，做到严格控制数量，切实提高质量。包括严格司法解释的立项工作，加强司法解释的调研论证工作，加强司法解释组织协调机构建设，统一由其负责司法解释的立项、审核、备案、清理等工作，加强司法解释的内部监督，避免出现司法解释重复甚至冲突现象，使司法解释的清理工作制度化，维护司法解释的协调统一。

二、子课题结构和主要内容

（一）子课题之一：司法解释的性质、功能研究、总体评价和存在问题研究

1. 关于司法解释的性质

我国法学理论界对中国司法解释的性质众说纷纭，主要有最高司法机关说、司法机关说、法院说、法官说、最高司法机关和法官说等不同观点。这些观点分别从我国司法解释权的来源、主体、对象、条件、效力等方面进行了论述。我们认为，最高司法机关说不仅是法学理论界占主流的观点，也符合司法解释的制度现状和工作实际。根据1981年全国人大常委会颁布的《关于加强法律解释工作的决议》（以下简称《决议》），1979年颁布并经修订的《人民法院组织法》和《人民检察院组织法》中“凡属于法院审判工作中具体应用法律、法令的问题由最高人民法院进行解释。凡属于检察院检察工作中具体应用法律、法令的问题，由最高人民检察院进行解释”的规定，同时结合司法解释工作实际，我们认为，司法解释是根据法律授权，由最高司法机关在司法工作中就如何具体应用法律问题所作出的具有普遍法律效力的阐释和说明。这一概括既考虑了司法解释的法源依据，也顾及司法解释制度的现实作用，是对我国司法解释性质的客观描述。本质上司法解释是法律解释的一种形式，属于有权解释。

回顾司法解释制度60多年的发展实践，我国现行司法解释制度具有以下基本特征。（1）解释主体的法定性。我国司法解释在权力来源上有《宪法》关于最高人民法院、最高人民检察院法律地位的规定和立法机关的明确法律授权。据此，我国司法解释体制是“一级二元”，只有最高人民法院和最高人民检察院拥有司法解释权。这是法律赋予“两高”的特定职权，其他任何机关、社会团体和个人、地方各级法院和检察院都不具有该职权。（2）解释

权的司法性。司法解释的基础是司法，在本质上是法律适用活动，是司法权的固有内容和组成部分，自然附属于司法权，具有司法性特征。司法解释的内容和权限是司法工作中“如何具体适用法律的问题”，属于适用法律的司法活动。(3)解释效力的普适性。司法解释是对现行法律适用所作的有权解释，具有普遍法律效力。从适用范围上来看，司法解释通过司法领域适用于全国范围，对我国经济和社会生活产生影响。

司法解释作为法律解释的重要形式，除了应遵循法律解释的基本原则，如坚持社会主义初级阶段基本路线，实事求是、从实际出发和以《宪法》为指导的原则之外，还具有自身的具体原则。结合司法解释的特点，我们认为司法解释应当遵循以下原则：(1)合法性原则。合法性原则是法治社会的根本要求，司法解释必须忠实于法律原意，符合立法目的，准确把握法律精神，严守法律原则，全面、准确、科学地解释法律，而不能超越法律规定，不能背离立法宗旨和目的，更不能在没有法律规定时创设法律。(2)合理性原则。“法律是理性的体现，法典是书写的理性。”不仅司法解释的程序、方法要合理，而且司法解释的结果要符合公平、正义、自由、民主、秩序等基本价值，能为公众和职业法律群体所接受。(3)司法性原则。司法解释是在司法过程中的解释，必须针对司法工作中具体应用法律问题进行解释，要遵循司法的判断性、被动性、中立性等司法规律。(4)公开性原则。法律是公开的、可预测的行为规范，作为解释法律的司法解释自然应当公开。司法解释立项、起草、论证、制定要充分听取有关部门、专家学者和社会各界的意见，并及时采取公告形式向社会公布，增强透明度，充分体现司法解释的公开性以及科学化和民主化。

2. 关于司法解释的主要功能

司法解释具有通过合理解释立法原意，澄清法律概念和术语，克服法律局限性，统一裁判标准，防止自由裁量权的滥用，以确保法治的统一等重要功能。纵观新中国法治建设发展的历史，司法解释在统一法律适用，弥补立法不足，惩治违法犯罪和保障人民群众合法权益等方面，发挥了不可或缺的重要作用。法治发展的实践充分证明：中国司法解释制度是中国特色社会主义司法制度的重要组成部分，是法治建设的重要内容，是人民法院依法独立公正行使审判权的重要基石。

首先，保证了法律统一正确适用。正义的一个基本原则要求是，法律应当以相同的方法处理基本相似的情形。指导司法工作，统一法律适用，是我国司法解释的基本功能。第一，由于法律规定比较抽象、原则，无法概括和穷尽现实生活中的多样性和复杂性，因此，立法者往往给司法解释留有较大空间。例如，《刑法》许多条文有“数额较大”“数额巨大”“数额特别巨大”和“情节较轻”“情节严重”或者“造成严重后果”等规定，如果不加以具体化，就会影响正确定罪量刑，甚至混淆罪与非罪的界限。第二，由于在适用法律过程中对某一法律条文理解往往出现不一致的情形，这就必须通过司法解释统一认识，使法律的适用不因法官个人理解的偏差而影响到裁判结果的公正和法律适用的统一。第三，法律具有相对稳定性，但经济社会的快速发展往往使法律处于滞后的状态，不能适应迅速发展变化的新形势。而司法解释则具有灵活性较大、适应性较强的特点，可以及时解决司法实践中遇到的各种新类型案件、重大疑难案件的法律适用问题。

其次，弥补立法不足，维护法律稳定性。千变万化的社会生活和多样复杂的社会纠纷往往通过案件的形式诉至法院。有的问题法律没有明确规定，有的则是不同立法前后规定不一致。对此，司法解释根据立法原则和精神及时予以解决，不仅弥补立法不足，而且适当扩充法律适用空间，维护了法律的稳定性。

最后，促进相关立法的发展和完善。我国立法机关制定或者修改的现行《刑法》《民法通则》《继承法》《婚姻法》《合同法》《海商法》以及诉讼法等重要法律的一些主要条款，都是长期司法实践经验的总结和司法解释的结晶，其中有些直接借鉴了司法解释的规定或者源于司法解释提供的第一手实证案例。

3. 对过去工作的总体评价

（1）司法解释工作情况

《2007 年规定》实施以来，最高人民法院各部门认真执行相关规定，司法解释工作日益规范化和制度化。一是严格执行司法解释年度立项计划和临时立项制度。2008—2014 年，最高人民法院先后完成了 7 年司法解释年度立项工作，审查司法解释立项建议近千件，列入司法解释立项计划 200 余件。二是司法解释审核制度落实到位。自《2007 年规定》实施以来，除个别司法解释外，大多数的司法解释在提交审判委员会讨论之前，都提交并通过了研究室的审核程序。实践证明，审核工作对司法解释送审稿的制定程序、内容等方面进行把关，在提升司法解释的质量等方面发挥了重要作用。三是司法解释成绩显著。截至 2013 年年底，最高人民法院共出台司法解释 141 件。这些司法解释在统一法律适用标准，维护司法公正，提高审判效率和质量方面发挥了积极的作用，取得了良好的法律效果和社会效果。四是备案工作开展顺利。最高人民法院办公厅严格按照监督法和最高人民法院有关规定，及时完成了向全国人大常委会报送司法解释备案的工作。五是司法解释清理工作成效显著。1993 年，最高人民法院即开始司法解释清理工作。自 1994 年公布了《关于废止 1993 年底以前发布的部分司法解释的通知》（第一批）以来，最高人民法院单独分七批对 167 件司法解释予以废止，1994 年、2010 年与最高人民检察院分两批联合废止 41 件司法解释。2013 年下半年，按照全国人大常委会部署和要求，较好地完成了建院以来司法解释全面清理工作。

（2）出台的规范性文件

近年来，最高人民法院高度重视司法解释工作的制度化、规范化建设。1997 年，最高人民法院出台了《关于司法解释工作的若干规定》（以下简称《1997 年规定》），第一次就司法解释工作作了专门规定，初步建立了最高人民法院司法解释制度，标志着最高人民法院司法解释工作走上了规范化和制度化的道路。随着审判工作的进一步发展，在总结 10 年司法解释工作实践的基础上，最高人民法院审委会于2007年，讨论通过了《2007年规定》，对《1997年规定》进行了全面修改，形成了司法解释统一立项、协调、审核、讨论、发布、备案、清理、编纂等完备制度，并确定由研究室统一负责司法解释管理工作。随后相继出台了配套制度规定：

2010年出台了《最高人民法院司法解释工作绩效考评暂行办法》；

2011年制定了《最高人民法院司法解释审核工作实施细则》；

2012年与最高人民检察院联合出台了《关于地方人民法院、人民检察院不得制定司法解释性质文件的通知》；

2012年制定了《关于进一步加强和规范司法解释工作的通知》。

（3）规范司法解释制定工作的基本制度

通过制定前述规范性文件，最高人民法院已经形成了司法解释立项、起草、审核、审议、发布、备案、编纂、管理、考评等完整的制度体系。

①立项制度。《2007年规定》确立了司法解释统一立项制度，制定司法解释必须先立项。制定解释、规定类司法解释，要制定年度司法解释立项计划，并确定了广泛的立项来源，包括最高人民法院审判委员会、最高人民法院各审判业务部门提出制定司法解释的建议，各高级人民法院、解放军军事法院提出制定司法解释的建议或者对法律应用问题的请示，全国人大代表、全国政协委员提出制定司法解释的议案、提案，有关国家机关、社会团体或者其他组织以及公民提出制定司法解释的建议等。

②起草程序。《2007年规定》明确了司法解释起草部门和分工，司法解释起草工作由最高人民法院各审判业务部门负责。

涉及不同审判业务部门职能范围的综合性司法解释，“由最高人民法院研究室负责起草或者组织、协调相关部门起草”；明确司法解释起草应当深入调查研究，广泛征求意见，特别是送审前要报送全国人大及其常委会有关部门征求意见，必要时，可以向社会公开征求意见。

③审核程序。《2007年规定》规定司法解释起草完成后，应当在报送

审委会讨论前送研究室进行审核把关，并明确了研究室审核的内容和要求。2011 年司法解释审核细则进一步对审核的程序和内容进行了细化。

④审议程序。《2007 年规定》规定司法解释稿经研究室审核并报主管院领导和常务副院长批准后，提交审委会审议。并明确了审委会讨论司法解释的期限和签发程序。2012 年《关于进一步加强和规范司法解释工作的通知》规定了司法解释公布前审核工作程序，司法解释稿经审判委员会讨论通过后，起草部门要按照审议意见认真修改，认真执行审委会的决定。修改后的司法解释稿报送院长或常务副院长签发前，应当先送审判管理办公室审核。审判管理办公室要审核审判委员会的决定是否得到采纳。

⑤发布程序。《2007 年规定》明确司法解释应当以最高人民法院公告形式发布，在《最高人民法院公报》和《人民法院报》刊登。2012 年《关于进一步加强和规范司法解释工作的通知》规定，司法解释稿经院长或常务副院长签发后，起草部门应在司法解释明确施行日期后送办公厅发文。办公厅应当认真审核文稿，及时发布。

⑥备案程序。《2007 年规定》明确司法解释应当自发布之日起三十日内报全国人民代表大会常务委员会备案，备案报送工作由办公厅负责。

⑦效果评估制度。2012 年《关于进一步加强和规范司法解释工作的通知》明确了司法解释公布前，办公厅要会同起草部门等对司法解释实施的法律效果和社会效果进行评估，制订舆情应对预案。司法解释公布后，办公厅和起草部门要共同做好相应的正面宣传和舆论引导工作。

⑧其他程序。《2007 年规定》对司法解释的编纂、修改、废止等内容作出了规定。

4. 关于司法解释工作存在的问题

经过 7 年的实践与总结，我们认为，最高人民法院司法解释制度已经基本完善，工作成绩比较显著，运行情况总体上是比较好的。在肯定工作成绩的同时，还应看到最高人民法院的司法解释工作仍然存在的一些问题，如有人大代表反映我们的司法解释与立法解释的边界不清，认为最高人民法院有“立法”冲动；有时司法解释程序控制不严，不按法定要求启动司法解释；有的司法解释质量不高，与法律原意不符；还有的司法解释之间相互矛盾；等等。我们认为，司法解释制度基本完成了“建章立制”工作。而在制度落实方面，目前还存在一些问题，主要体现在以下几个方面：第一，在司法解释启动程序方面，司法解释立项完成率不高。审判业务部门之间出于指导下级法院工作以及绩效考评等部门利益考虑，把持司法解释起草的位置和权力，年初要求制定司法解释立项建议过多，导致年度立项完成率不高，年度立项计划超出实际工作能力。另外，有些司法解释的启动来源于配合其他国家机关的要求。例如，配合各类专项整顿和治理活动，有关机关要求最高人民法院制定司法解释，并且要求几个月内就完成，时间有限，难以如期完成。第二，在司法解释制定方面，司法解释征求意见工作有的还不够深入、不够广泛。司法解释起草一般由各审判业务部门的某一合议庭具体负责，院内其他审判业务部门参与度不够。学术界反映，对他们的意见不够重视。下级法院反映司法解释征求意见要求时间过急，预留时间不足。第三，在司法解释质量把关方面，欠缺实质性审核。司法解释审核工作由于受人力、时间等方面的限制，很难做到全面、实质把关。

（二）子课题之二：关于司法解释的模式选择研究

随着新中国法治建设的跌宕起伏，司法解释制度经历了初创、削弱、停顿、恢复、发展等阶段，如今已成为适合国情、基本定型、独具特色的司法解释模式。

1. 司法解释模式是由人民代表大会制度决定的

一个国家的司法解释模式是这个国家根本政治制度的衍生物。国家性质、组织结构和施政理念不同，司法解释模式也会有所不同，人民代表大会制度的特性决定了中国司法解释制度的独特性。

首先，在权力配置理念上，法律制定权与法律解释权都由人民代表大会及其常务委员会行使，但在具体应用法律层面，司法机关也根据全国人大常委会授权集中行使解释权。而在西方国家，奉行“三权分立”，这两种权力则分别由立法机关与司法机关行使。

其次，在权力监督关系上，我国审判机关都由人民代表大会产生，并受其监督。与西方国家立法与司法机关平行制衡关系不同，我国立法与司法机关不是平行制衡关系，全国人民代表大会及其常务委员会集中行使国家法律的制定权与解释权，最高人民法院行使的司法解释权也来源于全国人大常委会的明确授权。

再次，在司法权具体配置上，审判权和法律监督权两种权力分别行使抽象的司法解释权。而西方国家仅把法律解释权授予法院，并仅依托个案诉讼程序进行个案解释，目的是防止司法权侵越立法权。监督权则分属于立法、行政和司法部门，形成相互监督与制衡关系。

最后，在司法解释权的行使上，我国司法解释权由最高人民法院和最高人民检察院按照民主集中制原则集中行使，法官、检察官个人和地方各级司法机关都不享有司法解释权。西方则实行法官独立司法，司法权的主体是法官个人，通过个案进行法律解释。但不论是结合诉讼个案的裁判解释，还是解决类案问题的司法解释，都属于法律解释和法律适用活动，都是司法权的固有权能。

2. 司法解释模式是由我国法治发展历史决定的

中国古代一直存在着以“经学解释”为代表的解释传统，律书解释和案例解释是具有重要价值的组成部分。中国古代的法律注释是以注释国家制定法为特征，在官家释律与私家注释既相互排斥又相互促进中得到发展，目的是准确理解法律条文的含义，实现“情法两平”，维护法律的统一适用。这一传统被中国近代化进程所阻断。清末民初，司法解释权由大理院统一行使，民国时期由国民党政府的司法院统一行使。新中国成立后，司法解释的主体、程序、内容都发生了很大变化，逐步发展成具有中国特色的司法解释模式。

（1）新中国成立初期形成了“多头多级”解释格局。新中国成立后，国民党“六法全书”被废除，人民的新法律还不完备。尽管《中央人民政府组织法》规定：制定并解释国家的法律、颁布的法令的权力由中央人民政府统一行使。但事实上中央有关部门和各地区针对工作中的具体实际问题，发布大量指示、意见等，形成了“多头多级”的政策解释体制。司法机关在这个时期的工作原则是：“有纲领、法律、命令、条例、决议等，从之；无上述规定的，从新民主主义的政策。”当时，最高人民法院及其华北等6个分院对下级法院请示的审判工作中的问题和案件所作的“批复”“指示”“复函”等大多数没有明确的法律依据，严格地讲，不是司法解释，而是政策解释，这一时期的特点是解释政策为主，创制规则为辅。这个特点适应了1954年以前的社会形势要求，即人民法院依据党的政策，镇压敌对势力的反抗，解放生产力，巩固新生政权。

（2）“一元一级”司法解释体制的确立。1954年9月，第一届全国人民代表大会第一次会议通过了《宪法》和《人民法院组织法》。《人民法院组织法》第18条第1款规定：“最高人民法院可以对属于审判工作中具体应用法律的问题进行解释。”1955年6月，全国人大常委会颁布的《关于解释法律问题的决议》规定：“凡关于审判过程中如何具体应用法律、法令的问题，由最高人民法院审判委员会进行解释。”这是我国司法解释主体一元化格局的最早法律规定，这个格局在法律层面一直存续到1981年6月。在这一时期，国家立法活动尚未全面开展，新法律体系还没有建立起来，人民法院审判案件，没有基本的法律或基本无法律可供适用。依照政策，积累经验，逐步形成比较固定的司法解释规范，是新中国成立初期司法解释的特点和策略。这就开启了我国司法解释条文化、体系化的历史源头。

这个时期的大量司法解释属于基本司法制度范围内的问题。最高人民法院在党和国家政策指导下，通过总结经验的形式，从事着规范审判活动的工作，填补法律空白，替代性地发挥着国家法律的作用。例如，最高人民法院印发的1950年《关于刑事审判制度及刑事法律等六个问题的解答的函》、

1956年《各级人民法院刑、民事案件审判程序总结》等。

（3）“二元一级”司法解释体制的形成。1978年12月，党的十一届三中全会作出了全党工作重点转移到社会主义现代化建设上的战略决策，提出加强社会主义法制建设。全国人民代表大会及其常委会加快立法，修改了《宪法》和《人民法院组织法》，先后制定颁布了一批基本的法律。随着经济体制改革的全面推进，对外开放进一步扩大，经济关系频繁变动、错综复杂，法律缺失和滞后问题日益突出。1981年颁布的《决议》明确规定：“凡属于法院审判过程中具体应用法律、法令的问题，由最高人民法院进行解释，凡属于检察院检察工作中具体应用法律、法令的问题，由最高人民检察院进行解释。”《人民法院组织法》和《人民检察院组织法》也作出了类似规定。这就打破了我国原有的“一元一级”司法解释格局，形成了由最高人民法院和最高人民检察院两个机关分别进行司法解释的局面。其间，“两高”还分别与公安部、司法部等有关行政部门联合发布具有法律解释内容的规范性文件。在这个时期，司法解释的主要特点是：以有法律依据的解释为主，以创制规则为辅。这些司法解释结合司法案例，总结了深化改革、扩大开放过程中的司法经验，不仅为调节频繁变动和错综复杂的经济社会关系提供了直接依据，而且为促进立法提供了实践经验，为法的正确实施发挥了润滑剂和黏合剂的重要作用。

2010年，我国社会主义法律体系形成，基本结束了无法可依的局面。这一法治建设成果是在坚持“宜粗不宜细”“宜快不宜慢”“成熟一条制定一条”的立法思路指导下取得的。但这一立法思路也为司法解释提供了巨大的空间，大量的条文化司法解释应运而生。这主要是因为社会变革十分迅速，法律经验积累不足，法律供给满足不了现实社会的需要；社会转型的现实也要求制定法保持足够的弹性，以适应社会变化的需求；对于改革开放过程中出现的新事物，人们认识往往不一致，以至于难以形成针对性较强的法律条文，国家只能提供框架性的法律制度，将规范性和灵活性相统一的任务留给司法解释来解决。在一部法典出台之后，最高司法机关为满足司法实践的需要，往往要根据立法精神，进行体系化、条文化的解释。可以肯定，在社会主义法律体系形成后，我国条文化、体系化司法解释的现象仍会继续存在。

3. 司法解释模式是由现实国情决定的

我国司法解释模式并不是权宜之计，而是适应中国国情的必然要求。这主要是因为在我国法治实践中面临着三对矛盾：一是国家法制统一与地方情况各异的矛盾；二是经济社会发展迅速与规则供给不足的矛盾；三是司法能力不足与人民群众需求多样的矛盾。人民法院要及时化解诉讼案件，准确、统一适用法律，就必须通过司法解释来解决司法实践面临的种种难题。

首先，千差万别的现实国情需要细化立法。区域差别、城乡差别、经济社会发展水平差别是中国国情的基本特征之一。如果要把制定法“一刀切”地适用于各个地区，势必产生混乱不堪的问题。为解决这一问题，保证国家法制统一和权威，一方面，制定法必须协调原则性与灵活性的关系，通过提高抽象程度，制定出普遍适用的法律文本；另一方面，就要把针对性的适用任务交给最高司法机关，由其作出具体灵活的司法解释，进一步细化法律规定，适应司法实践的需要。其次，社会急速转型需要填补立法。社会急速转型需要法律制度的跟进和支撑，但是，立法机关的立法会议因其召集形式的法定性、程序性和时间性，往往不能就具体事宜随时召开并及时制定法律或作出法律解释。因此，就司法工作中具体应用法律的问题作出解释，填补立法空白，丰富法律内容，就成为最高司法机关的重要任务。最后，地方司法能力不足需要明确立法。司法体制和机制不能完全适应法治进步现实需要，法官司法能力弱，素质参差不齐，当事人法律意识淡薄，诉讼知识和能力不足等，都需要推进法治整体进步，才能得到逐步解决。这些现实情况也需要通过司法解释对法律进一步明确，提高法律的可预期性和可操作性。

总之，由于根本政治制度、法治发展历史和基本国情不同，中国司法解释具有自身特色。作为成文法实施的客观要求，使得中国司法解释也面临着成文法国家司法解释所面临的共性问题，仍然与西方国家司法解释有着一些共同的原则和技术，可以借鉴其成熟解释经验和方法，以发展和完善我国司法解释。

（三）子课题之三：关于司法解释的规范和发展完善研究

在司法解释的规范和发展完善研究方面，主要建议如下。

1. 尽可能明确司法解释与立法解释的界限

首先，要明确划分立法解释与司法解释的界限。立法解释的“明确界限”是明确权利义务的原则界限，对法律基本的、原则性条义，或者法律制定后出现新情况，需要明确适用法律依据的，或者对同一问题的解释有重大分歧时，都需要进行立法解释。司法解释是以法律存在具体应用问题为解释的前提，且通常以具体的适用对象或案件作为载体，因此司法解释要在法律与立法解释所明确的法律框架内，针对个案作出具体解释、且不能改变法律的规定或与法律规定相冲突。其次，在厘清司法解释与立法解释界限的前提下，对于二者的边缘模糊问题，应当尽可能进行立法解释，防止出现司法实践因缺乏解释而无所适从的现象。这是因为，不仅司法解释权限有限制，而且司法解释主体在各自司法活动中对所适用法律的理解难免有局限性，需要相对超脱的立法机关对立法进行及时、准确的解释。

2. 明确司法解释的法律地位

为进一步加强和规范司法解释，需要在《立法法》中明确其地位和权限，或者单独制定“法律解释法”。“法律解释法”不仅要对法律解释的体系、程序和解释主体及其权限等作出全面规定，而且要明确司法解释的法律渊源地位，明确司法解释“一级二元”主体，规定司法解释的对象、范围、原则、程序、效力、备案等事项，从而使司法解释有法可依，维护法制的统一和权威。

3. 完善司法解释的启动机制和程序

一是司法解释的主体必须依法独立行使解释权，其他任何行政机关、社会团体以及地方司法机关均无权单独或参与制定、发布司法解释。二是严格控制抽象性司法解释的立项来源，在立项来源上，最高司法机关应主要以司法工作中遇到的具体应用法律问题以及社会各界提出的具体司法问题为立项来源，逐步取消没有明确立项来源以及对整部法律进行系统解释的做法。三是对法律没有涉及的问题，根据“先有法律，再有司法解释”的要求，不得进行司法解释。

4. 坚持司法解释的具体化原则

司法解释越具体，越具有针对性，越有利于统一裁判标准和指导审判。首先，坚持司法解释具体化原则，必须针对个案中的法律适用问题去解释，不能完全脱离具体案件；必须针对某一类法律适用问题，针对法律规定的具体条款去解释，不能完全脱离法律条款而过分追求体系的完整。其次，要发挥案例解释的功能。使指导性案例成为司法解释的一种重要形式。随着世界法治文明的发展，大陆法系与英美法系在法律渊源上呈现相互融合互补的趋势。大陆法系国家尽管没有明确采纳遵循先例的判例法原则，但判例在解释和补充法律规定以及指导法官办案方面发挥着越来越重要的作用。例如，1990 年至 1995 年，德国联邦法院的判决被引用的比例为 97.02%。2010 年最高人民法院出台了《关于案例指导工作的规定》，标志着案例指导制度正式确立。越来越多指导性案例的发布，对审判同类案件起到越来越大的指导作用，把指导性案例作为司法解释的创新形式，能够强化司法解释指导审判的功能保证司法解释的针对性、合理性和可行性。

5. 进一步提高司法解释质量

进一步提高司法解释质量，应从司法解释的立项、调研、论证、起草、征求意见、修改、讨论决定等环节做起，做到严格控制数量，切实提高质量。具体来说，一是严格司法解释的立项工作，做到只有审判工作中遇到的具体适用法律问题，才能列入司法解释制定规划。二是加强司法解释的调研论证工作，对重大的或意见分歧较大的司法解释，应当通过听证会、座谈会、网上征求意见等形式，广泛听取各方面意见，以增强司法解释的透明度、民主性和科学性，确保司法解释质量。三是加强司法解释组织协调机构建设，统一由其负责司法解释的立项、审核、备案、清理等工作，加强司法解释的内部监督，避免司法解释重复甚至冲突现象，使司法解释的清理工作制度化，维护司法解释的协调统一。

6. 开展司法解释实施效果评估工作，走出科学制定司法解释的新路子

司法解释制定得好不好，广大法官和人民群众最有发言权。因此，要逐步开展司法解释实施效果的第三方评估工作，在认真听取有关方面意见的基础上找出司法解释的不足，切实改进司法解释工作。要定期对最高人民法院出台的司法解释进行跟踪检查，确保司法解释的各项规定落实到位，维护司法解释的权威。

7. 正确处理好司法解释与其他规范性文件的关系

由于种种原因，最高人民法院还在不断出台司法解释性质的文件，这些文件多以“意见”“通知”等形式发布，对全国法院执法办案有直接的约束力，但由于这些文件不是司法解释，法官在裁判文书中不能引用，导致只能用不能说。全国人大和专家学者对此颇有微词，如何正确处理二者之间的关系，规范并避免用这种司法解释性质的文件来指导工作，处理问题，值得研究。

8. 妥善解决与最高人民检察院司法解释的协调问题

长期以来，“两高”在制定司法解释方面携手合作，总体上是好的。但在一些具体问题上，也有不一致的地方，最高人民法院一般秉持合作的态度解决，故这几年双方的合作还是很顺利。但有一个问题需要统一，即司法解释的形式问题。最高人民法院的司法解释形式只有“解释”“批复”“规定”和“决定”四种，而最高人民检察院的司法解释有“解释”“批复”“规定”“决定”“规则”和“通知”六种。这种不统一也引起社会上一些人的不满，应予以统一规范。

（四）子课题之四：司法解释的域外案例研究

由于我国总体上属于大陆法系国家，因此，适当借鉴大陆法系国家的案例指导制度对我们研究司法解释是有必要的。

作为继承罗马法传统的大陆法国家，德国和葡萄牙原则上都以成文法作为其唯一的法律渊源，法官必须在审判中自觉遵守和适用成文法律。但在司法实践中，德国和葡萄牙法官通过判决弥补立法之不足，赋予一些措辞笼统、含义宽泛和历史悠久的成文法条文以新的时代含义，在这一点上与英美法国家法官并无太大区别；同时，德国、葡萄牙等大陆法国家尽管在理论上不承认先例规则，法官独立依照成文法规定裁断案件，只对法律负责，最高法院先例判决对下级法院不具有法律上的约束力，但在绝大多数情况下，德国、葡萄牙两国法官鲜有违背最高法院和上级法院判决和先例规则的。最高法院判决所确定的先例规则具有“事实上的拘束力”。在此方面，大陆法系国家与英美法系国家也没有本质上的区别。

在德国和葡萄牙的司法系统中，没有与我国法院相对应的“案例指导制度”，也不存在下级法院寻求上级法院就有关法律适用问题进行帮助的机制。在司法制度层面上，两国法官实行独立审判，并不要求一定要按照上级法院的先例进行裁决。但从司法实践层面来看，两国特别是联邦德国事实上存在多种机制，以保障法律适用统一和指导法官办案。在德国，保证司法的“同质性”（Safeguard Homogeneity of Judicature），与我们所说的“保证法律适用统一”的概念相类似。据德国法官和学者介绍，德国法院保障法律适用统一的机制主要有以下几个方面。

（1）通过诉讼程序保障法律适用统一

德国学者强调，作为法院金字塔组织结构只能有一个顶，而不能是“乒乓型”结构，这样才能确保最高法院判决的统一性和权威性。根据德国宪法的规定，联邦最高法院设立联合合议庭（Joint Panel），以确保司法统一性；同时，联邦最高法院联合合议庭（Joint Panel of the HighestFederal Courts）负有保证司法“同质性”的职责。如果普通法院与各专门法院之间在适用法律方面出现争议，联邦最高法院联合合议庭具有最终裁决权。在普通法院系统内，联邦最高法院具有统筹法律发展和维护“司法同质性”的职责。如果普通法院之间判决出现争议，联邦最高法院大合议庭（Great Panel）和联合大合议庭（Joint GreatPanel）拥有最终裁决权。此外，德国民诉法规定：如果各有关法院在判决同类案件时出现不一致的情况，可以作为依法提出上诉的理由。

（2）通过高层次法院发布的案例促进法律适用统一

在20世纪90年代中期互联网普及前，德联邦最高法院每月经审查后，将一些著名法学期刊所刊登的案例汇编成册，供法官办案时参考。法官在判决书中可以在说理部分引用这些案例及其裁判规则。其中最著名的期刊是联邦最高法院创办的内部电子刊物“Lindenmaier-MOhring”以及其后的“Law Review”，其所刊载的案例经由联邦最高法院法官、著名法学专家以及律师甄选，并附有对这些案例的点评，阐释对相关法律条文的理解，归纳审判原则，供各级法院办案时参考。

近年来，随着互联网的普及，德联邦建立了官方的法律数据库（Juris），其中存储了包括德联邦宪法法院、联邦最高法院以及联邦各专门法院审理的几乎所有重要案例（除了涉及国家安全、社会公德、个人隐私以及未成年人的案例）。德国各级法院法官、检察官、律师等法律共同体成员均可以通过所提供的密码免费进入该数据库查阅相关案例。该数据库现已成为德国各级法官办案不可或缺的重要工具。

（3）通过宣传法院判决所阐释的法律适用原则，增进法律适用统一

德国法院特别是高层次法院十分重视判决书中对裁判理由的公开阐释。与普通法国家不同的是，德国法院判决书是以成文法规定作为其司法推理的逻辑起点，通过缜密的演绎推理，解释法律，并在解释的过程中弥补成文法的不足。特别是联邦最高法院的判决书，其裁判理由部分的论证几乎相当于一篇学术论

文。在德国，如果判决书不充分阐释判决的理由，以表明该裁判的公正性和合理性，则被认为是可耻的。因此，德国法院特别是最高法院对适用法律问题的解释，许多都是通过判决书的论证来实现的。例如，2008 年德联邦最高法院在一项判决中论证："持假气枪抢劫，属于刑法意义上的'持枪抢劫'。"2006 年，德联邦最高法院联合合议庭对联邦专利法院 XZB27/OS 判决的上诉作出终审判决，提出"实用新型"与"发明专利"虽然在保护效力上相同，但在保护范围上应有所区别，诸如生产方法或工作方法创新等可给予专利保护而不能获得实用新型保护的原则。又如，2007 年，德联邦最高法院修正了杜塞尔多夫高等法院的判决，首次明确互联网论坛经营者负有删除该论坛上对他人进行造谣、诬蔑或人身攻击言论的义务。总之，德国高层次法院特别是最高法院的判决，是保证法律适用统一和进行审判指导的重要途径。

（4）通过提高法官素质，实现法律适用统一

据德国法官介绍，德国法官、检察官以及律师具有共同的法律知识和价值观。法律人必须经过两次严格的国家考试，一是法学院毕业时的考试，二是经过两年实习后的司法从业资格考试。经过两次考试合格的，95% 成为律师，只有极少数特别优秀的成为法官。而进入法官队伍的，又必须经过至少五年的试用期，合格的才能被任命为正式的法官。针对法官的管理，德国既建立了严格的监督制度，又要求每个法官严格自律。德国的成文法体系健全而又复杂，许多法律条文的表述比较原则和抽象，这就要求法官必须训练有素，能够把法律抽象的原则规定转化为对具体案件的分析和判断，并独立作出裁决。

德国学者指出，培养训练有素和具有批判性分析能力的法官，是德国法学教育的一个重要课题。德国等大陆法系国家立足于成文法结构和类型化的逻辑演绎推理方法，对法官经验和个性要求相对较少，即使仅有两年实践经验的年轻法官，也能熟练地进行司法操作，司法成本也不昂贵。相较于普通法系法官的分析类比方法而言，德国法官更需要着重培养和提高那种基于对包含于法律之中的价值理解而作出独立判断的能力。德国学者认为，就德国

司法而言，所谓“案例指导”（Case Guidance），首先应该是对法律所包含价值判断理解的指导，法官应根据具体情形，对法律所包含的价值作出自己独立的符合法律精神的判断，而不应成为简单执行和服从上级法院意图的工具，成为机械依照成文法进行逻辑推演的“案件处理器”（Case-Handlers）。据德国学者介绍，除了上述制度和机制之外，还有一些客观原因强化了法律适用统一的趋势：一是从心理和尊严来说，每位法官均不愿意自己的判决被上一级法院改判；二是上级法院特别是最高法院法官的高素质及高质量的判决本身具有很强的“示范”作用，让下级法院很难违背；三是从审判效率和工作负荷来说，法官援引先例的做法更为省事。如果有足够的理由或已经做好了败诉方上诉的心理准备，并对上一级法院不会改判有信心，方会作出背离先例的判决。

（5）高层次法院指导下级法院办案的原则

尽管德国没有明确规定“案例指导制度”，但在实践中确实存在高层次法院特别是最高法院指导下级法院办案的情形。在德国，高一级法院要作出“最好操作”的指导，必须遵循以下原则：①凡是需要明确的地方，高一级法院均应提供明确的指导；②通常来说，论证比处理结果更为重要，高一级法院必须明确并指出推理的相关重要因素，以供低一级法院识别与运用；③高一级法院必须明确哪些论据仅适用于特定案件，哪些则具有更广泛的适用性；④高一级法院表明的指导意见必须具有法律上的一致性；⑤高一级法院必须清楚判决结论的后果；⑥高一级法院尊重有关事实查明和决定法律问题方面的多种可能性；⑦高一级法院禁止发布那些概括力过强的声明，尤其是其后果不能被忽视的声明。

同时，德国法官和学者也分析了高层次法院指导下级法院办案的弊端，主要有：①下级法官过于服从上级法院指导易出现以下结果：一是停止思考；二是以“复制与粘贴”的方式运用高一级法院的观点与论理；三是未能基于每个案例的自身价值来作出判决。②法院管理者的流水线处理和削减成本的目的，往往促使其遵循惯例而不是新思考。③司法职业的层级结构易导致所作出结论的僵化。

总之，从案例指导实践来看，德国法官援引上级先例判决，在一定程度上已成为习惯。法官既可以在判决书的理由部分引用先前判决的编号，也可以直接引用最高法院的相关“话语”作为裁判论证的理由。同样，律师在代理案件过程中，习惯性地去寻找先前判决，并将其写在代理词或者辩护词里，以提示法官按此作出类似的判决。律师或者检察官在文书中提到先前判决，法官在判决书中若作回应，一般会说明理由，但更主要的是强调两者的不同。此外，最高法院若发现某方面的法律适用问题或者某类型的案件较多地出现，就会在判决书中将核心的东西凸显出来，归纳为概括性的规则。同时需要指出的是，欧洲大陆特别像德国这样的国家尤为重视法学专家的见解，学者在司法规则的归纳、总结与形成方面一直发挥着重要作用，对法院判决具有重要影响。

葡萄牙的情况与德国大体相同。据葡萄牙相关人士介绍，葡萄牙亦没有建立有关上级法院通过案例指导下级法院案件审理的正式制度。下级法院法官遇到类似的案件，没有义务考虑上级法院和最高法院的先前判决。从实践层面来看，下级法院法官会参考上级法院和最高法院的类似先例判决（同时不排除法官私底下的交流与沟通），若背离最高法院的先例判决，要有充分、详细的理由。最高法院一般会尊重下级法院作出的判决（除非当事人不服提起上诉），下级法院一般也不会“对着干”。同时，最高法院若发现多次出现同一法律适用问题的案件时，就会成立由相应领域的法官组成的委员会，形成“专家意见”并作出有约束力的最终裁决。

此外，课题组还将搜集其他国家和地区的有关司法解释类案例进行分析研究。

后　记

在本书即将付梓之际，我衷心感谢最高人民法院决定由我中标最高人民法院 2015 年度审判理论重大课题《司法解释的理论与实践研究》（课题编号：2015SPZD08A）。经过一年多的研究，该课题顺利结项，并在此基础上形成了这部书稿。

最高人民法院领导和中国应用法学研究所的蒋惠岭、范明志、李晓民、杨奕、宋建宝和最高人民法院研究室胡伟新、审监庭冯文生、院长办余茂玉，中国法制出版社刘时山总编、侯鹏编辑等同志对本课题的研究和成书出版给予了宝贵支持。

参与本书写作的有：

第一、二、七章：吴兆祥（最高人民法院）；第三、八章：李杰（天津市高级人民法院）；第四章：梁凤云（最高人民法院）；第五、六章：李浩（河南财经政法大学）；第九章：石磊（最高人民法院）；第十章：陈龙业、李予霞（最高人民法院）；书中所附的《最高人民法院关于司法解释工作的规定（建议稿）》，由喻海松起草（最高人民法院）。天津大学法学院陈学敏润色了书稿、硕士研究生王操做了大量事务性工作。孙佑海作为本项目的主持人，撰写本课题项目的申报书，主持项目研究和本书写作，并最后统稿。

本课题组的成员还有：何悦（天津大学法学院）、童海超（湖北省高级人民法院）、朱峰（山东省高级人民法院）、蓝蓝（天津大学法学院）、李慧（北京市工会干部学院）、杨雅婷（天津大学法学院）、李汉玉（全国人大环境与资源保护委员会法案室）。

谨向以上各位领导和同志们致以衷心的谢意！

孙佑海

2018 年 7 月 31 日深夜于天津大学卫津路校区敬业湖畔

图书在版编目（CIP）数据

司法解释的理论与实践研究 / 孙佑海等著．—北京：中国法制出版社，2019.1

ISBN 978-7-5093-9967-5

Ⅰ．①司…　Ⅱ．①孙…　Ⅲ．①法律解释—研究—中国
Ⅳ．①D920.5

中国版本图书馆CIP数据核字（2019）第015815号

责任编辑：侯　鹏　　封面设计：李　宁

司法解释的理论与实践研究

SIFA JIESHI DE LILUN YU SHIJIAN YANJIU

著者 / 孙佑海等

经销 / 新华书店

印刷 / 三河市紫恒印装有限公司

开本 / 710毫米×1000毫米　16开　　印张 / 17　字数 / 234千

版次 / 2019年1月第1版　　2019年1月第1次印刷

中国法制出版社出版

书号 ISBN 978-7-5093-9967-5　　定价：69.00元

北京西单横二条2号　邮政编码 100031　　传真：010-66031119

网址：http://www.zgfzs.com　　**编辑部电话：010-66060794**

市场营销部电话：010-66033393　　**邮购部电话：010-66033288**

（如有印装质量问题，请与本社印务部联系调换。电话：010-66032926）